UMBERTO ECO
VERSCHWÖRUNGEN
EINE SUCHE NACH MUSTERN

Aus dem Italienischen
von Martina Kempter
und Burkhart Kroeber

Carl Hanser Verlag

Angaben zu den Originalausgaben:
»Il complotto«, aus *Sulle spalle dei giganti. Lezioni alla Milanesiana
2001–2015*, La nave di Teseo, Mailand 2017
»Fictional protocols / Protocolli fittizi«, aus *Six Walks in the
Fictional Woods / Sei passeggiate nei boschi narrativi*,
Harvard University Press, Cambridge, Mass. / Bompiani, Mailand 1994
»Astronomie immaginarie«, aus *Costruire il nemico e altri scritti
occasionali*, Bompiani, Mailand 2011/2012

Den ersten Vortrag hat Martina Kempter übersetzt,
die beiden anderen Burkhart Kroeber.

4. Auflage 2021

ISBN 978-3-446-27143-2
Für »Il complotto« und »Astronomie immaginarie«
© 2017–2021 La nave di Teseo Editore, Milano
Für »Fictional protocols« © 1994 Harvard University Press,
Cambridge, Mass.
Alle Rechte der deutschen Ausgabe:
© 2021 Carl Hanser Verlag GmbH & Co. KG, München
Umschlag: Peter-Andreas Hassiepen, München
Satz: Nadine Clemens, München
Druck und Bindung: Friedrich Pustet, Regensburg
Printed in Germany

INHALT

KOMPLOTTE, VERSCHWÖRUNGEN, KONSPIRATIONEN

Da ich mich hier zum Thema Obsession äußern soll, kam ich darauf, dass eine der Obsessionen unserer Zeit fraglos die der Komplotte und Verschwörungen ist. Schon ein kleiner Ausflug ins Internet macht uns deutlich, wie viele (offensichtlich an den Haaren herbeigezogene) Komplotte überall entdeckt werden. Die Obsession der Verschwörung betrifft jedoch nicht nur unsere Gegenwart, sondern auch die Vergangenheit.

Dass es in der Geschichte Verschwörungen gab und immer gegeben hat, scheint mir evident zu sein – vom Komplott zur Ermordung Julius Cäsars über die Pulververschwörung in England und Georges Cadoudals Konspiration der Höllenmaschine in Frankreich bis hin zu den heutigen Finanzkomplotten, mit denen Aktiengesellschaften zur Macht an der Börse verholfen werden soll. Aber für reale Verschwörungen ist es charakteristisch, dass sie alsbald aufgedeckt werden, sowohl wenn sie erfolgreich sind, wie bei Julius Cäsar, als auch wenn sie scheitern, wie das Orsini-Komplott zur Ermordung Napoleons III. oder der versuchte Staatsstreich, den Junio Valerio Borghese Ende 1969 in Italien organisierte, oder auch die Konspirationen des Freimaurers Licio Gelli. Reale Verschwörungen sind also keineswegs mysteriös, weshalb sie uns hier auch nicht weiter interessieren.

Interessant ist dagegen das Phänomen des Verschwörungssyndroms und des Erdichtens bisweilen sogar weltumspannender Konspirationen, von denen es im Internet geradezu wimmelt und die mysteriös und unerforschlich bleiben, weil für sie dasselbe gilt wie für das Geheimnis, über das der Soziologe Georg Simmel geschrieben hat, dass es umso mächtiger und verlockender wird, je leerer es ist. Ein leeres Geheimnis erhebt sich drohend und kann weder aufgedeckt noch widerlegt werden, und genau deshalb wird es zu einem Machtinstrument.

Beginnen wir mit dem König aller Komplotte, mit dem sich zahlreiche Internetseiten beschäftigen: dem des 11. Septembers. Viele Theorien dazu sind im Umlauf, angefangen bei den extremistischen (auf arabischen oder neonazistischen Websites), denen zufolge der Anschlag von den Juden organisiert worden sein soll, denn angeblich hätten alle in den beiden Wolkenkratzern arbeitenden Juden die Information bekommen, an jenem Tag nicht zur Arbeit zu gehen.

Diese durch den libanesischen Fernsehsender al-Manar verbreitete Nachricht war offenkundig falsch: Tatsächlich kamen im Feuer der Zwillingstürme mindestens zweihundert Bürger mit israelischem Pass ums Leben, zusammen mit vielen Hunderten amerikanischer Juden.

Sodann gibt es die Anti-Bush-Theorien, nach denen

das Attentat im Auftrag des US-Präsidenten organisiert wurde, um einen Vorwand für die Invasion Afghanistans und des Irak zu haben. Und es kursieren Theorien, die den Anschlag diversen mehr oder minder auf Abwege geratenen amerikanischen Geheimdiensten zuschreiben. Nach einer davon sei das Komplott zwar arabisch-fundamentalistisch motiviert, aber der amerikanischen Regierung vorher bekannt gewesen, nur habe sie die Attacke laufen lassen, um wie gesagt einen Vorwand für den Angriff auf Afghanistan und den Irak zu haben (ähnlich wie Roosevelt einst nachgesagt wurde, er habe von dem bevorstehenden Angriff auf Pearl Harbor gewusst, aber nichts unternommen, um seine Flotte in Sicherheit zu bringen, da er einen Vorwand gebraucht habe, um den Krieg gegen Japan zu beginnen). In all diesen Fällen behaupten die Verfechter mindestens einer dieser Verschwörungstheorien, dass die offizielle Rekonstruktion der Fakten bewusst gefälscht, betrügerisch und zudem albern sei.

Wer sich ein genaueres Bild von diesen Verschwörungstheorien machen will, lese das Buch *Zero. Perché la versione ufficiale sull'11/9 è un falso*, herausgegeben von Giulietto Chiesa und Roberto Vignoli, erschienen 2007 im Verlag Piemme.[1] Sie werden es nicht glauben, aber darin finden sich Beiträge von höchst angesehenen Personen, deren Namen ich hier aus Respekt verschweige.

Wer jedoch auch die Gegenseite hören möchte, bedanke sich beim selben Verlag, der mit bewundernswerter *aequitas animae* (und mit der offenkundigen Fähigkeit, zwei gegensätzliche Marktbereiche zu erobern) im selben Jahr auch ein Buch gegen die Verschwörungstheorien herausgebracht hat: *11/9. La cospirazione impossibile*, herausgegeben von Massimo Polidoro, mit Beiträgen ebenso angesehener Persönlichkeiten. Ich möchte hier nicht auf die Einzelheiten der von den Vertretern beider Seiten angeführten Argumente eingehen, die allesamt überzeugend klingen mögen, sondern mich bloß auf das berufen, was ich den »Beweis des Schweigens« nenne. Ein Paradebeispiel für diesen Beweis des Schweigens kann man etwa gegen jene ins Feld führen, die insinuieren, dass die amerikanische Landung auf dem Mond eine Fälschung im Fernsehstudio gewesen sei. Wenn das amerikanische Raumschiff nicht auf dem Mond gelandet wäre, hätte sich damals jemand klar und deutlich dazu geäußert, denn es gab jemanden, der in der Lage war, es zu überprüfen, und der ein Interesse daran gehabt hätte, die »Wahrheit« ans Licht zu bringen, nämlich die Sowjetunion. Dass die Sowjets damals geschwiegen haben, ist für mich der Beweis, dass die Amerikaner wirklich auf dem Mond gelandet sind. Punkt und basta.

Was schließlich die Verschwörungen und die Geheimnisse angeht, so sagt uns die Erfahrung (auch die historische) Folgendes: 1.) Wenn es ein Geheimnis gibt, und sei es auch nur einer einzigen Person bekannt, so wird diese Person es früher oder später offenbaren, womöglich ihrem Liebhaber im Bett – nur die naiven Freimaurer und die Adepten gewisser kindischer Templerriten glauben an ein

Geheimnis, das niemals ans Licht kommt. 2.) Wenn es ein Geheimnis gibt, wird es immer auch eine angemessene Summe geben, für die jemand bereit ist, es zu enthüllen (ein paar Hunderttausend Pfund Sterling als Honorar für Autorenrechte genügten, um einen Offizier der britischen Armee alles erzählen zu lassen, was er mit Prinzessin Diana im Bett gemacht hat, und hätte er es mit Dianas Schwiegermutter getan, hätte es genügt, die Summe zu verdoppeln, und ein Gentleman seines Schlages hätte auch darüber ausgepackt). Um nun einen vorgetäuschten Anschlag auf die Twin Towers zu organisieren (also sie zu verminen, der Luftwaffe zu bedeuten, dass sie nicht eingreifen soll, störende Beweise zu beseitigen und so weiter), wäre die Mitwirkung wenn nicht Tausender, so doch zumindest Hunderter von Personen nötig gewesen. Die zu solchen Zwecken eingespannten Personen sind jedoch gewöhnlich keine Gentlemen, und es ist ganz undenkbar, dass nicht wenigstens eine von ihnen für eine entsprechende Summe geredet hätte. Kurzum, in dieser Geschichte fehlt der Tiefe Schlund.[2]

Das Verschwörungssyndrom ist so alt wie die Welt, und wer seine Philosophie am besten beschrieben hat, war Karl Popper. Schon in den vierziger Jahren hatte er in *Die offene Gesellschaft und ihre Feinde* über die »Verschwörungstheorie der Gesellschaft« geschrieben:

Diese Theorie behauptet, daß die Erklärung eines sozialen Phänomens in der Entdeckung besteht, daß Menschen oder Gruppen an dem Eintreten dieses Ereignisses interessiert waren und daß sie konspiriert haben, um es herbeizuführen. (Ihre Interessen sind manchmal verborgen und müssen erst enthüllt werden.)

Diese Ansicht von den Zielen der Sozialwissenschaften entspringt natürlich der falschen Theorie, daß, was immer sich in einer Gesellschaft ereignet, das Ergebnis eines Planes mächtiger Individuen oder Gruppen ist. Besonders Ereignisse wie Krieg, Arbeitslosigkeit, Armut, Knappheit, also Ereignisse, die wir als unangenehm empfinden, werden von dieser Theorie als gewollt und geplant erklärt. […] In ihren modernen Formen ist die Theorie ein typisches Ergebnis der Verweltlichung eines religiösen Aberglaubens. […] Der Glaube an die homerischen Götter, deren Verschwörungen die Geschichte des trojanischen Krieges erklären, ist verschwunden. Die Götter sind abgeschafft. Aber ihre Stelle nehmen mächtige Männer oder Verbände ein – unheilvolle Machtgruppen, deren böse Absichten für alle Übel verantwortlich sind, unter denen wir leiden – wie die Weisen von Zion, die Kapitalisten, die Monopolisten oder die Imperialisten.

Ich will nicht sagen, daß Verschwörungen sich niemals ereignen. Im Gegenteil: Verschwörungen sind

ein typisches soziales Phänomen. Sie werden zum
Beispiel immer dann wichtig, wenn Menschen an die
Macht kommen, die an die Verschwörungstheorie
glauben. Und Menschen, die allen Ernstes zu wissen
glauben, wie man den Himmel auf Erden errichtet,
werden aller Wahrscheinlichkeit nach die Verschwö-
rungstheorie übernehmen, und sie werden sich in eine
Gegenverschwörung gegen nicht existierende Ver-
schwörer verwickeln lassen.[3]

Und 1969 präzisierte Popper dann in *Conjectures and Re-*
futations:

Diese Theorie ist viel primitiver als die meisten For-
men des Theismus; sie ähnelt Homers Gesellschafts-
theorie. Homer sah die Macht der Götter so, daß alles,
was auf dem Feld von Troja geschah, nur die verschie-
denen Verschwörungen auf dem Olymp widerspiegel-
te. Die Verschwörungstheorie der Gesellschaft ist
nur eine Variante des Theismus, eines Glaubens an
Götter, deren Launen und Willen alles beherrscht. Sie
kommt davon, daß man Gott aufgibt und dann die
Frage stellt: ›*Wer nimmt seinen Platz ein?*‹ *Sein Platz*
wird dann besetzt durch verschiedene mächtige
Menschen und Gruppen – durch finstere Interessen-
gruppen, denen dann unterstellt wird, daß sie die
große Depression geplant haben, und alle Übel, an
denen wir leiden. [...] Nur wenn Verschwörungs-

theoretiker an die Macht kommen, bekommt sie einen
gewissen Erklärungswert für die tatsächlichen Ereig-
nisse [...]. Zum Beispiel, als Hitler an die Macht kam,
der an den Mythos der Verschwörung der Weisen von
Zion glaubte, versuchte er sogleich, diese eingebildete
Verschwörung mit seiner eigenen, wirklichen Ver-
schwörung zu bekämpfen.[4]

Die Psychologie des Komplotts entsteht aus der Tatsache, dass die offensichtlichsten Erklärungen vieler besorgniserregender Dinge uns nicht befriedigen, und das nicht selten, weil es uns wehtut, sie zu akzeptieren. Man denke nur an die Theorie des »Großen Alten« nach der Entführung von Aldo Moro: Wie ist es möglich, fragte man sich, dass Dreißigjährige eine so perfekte Aktion planen und durchführen konnten? Da muss doch ein erfahreneres Gehirn dahintergesteckt haben. Ohne zu bedenken, dass andere Dreißigjährige Firmen leiteten, Jumbojets flogen oder neue elektronische Geräte erfanden. Das Problem war also nicht, wie Dreißigjährige es schaffen konnten, mitten in Rom den Premierminister zu entführen, sondern dass diese Dreißigjährigen Söhne derer waren, die vom Großen Alten fabulierten.

In der Nachfolge Poppers ist das Verschwörungssyndrom auch von vielen anderen Autoren untersucht worden, ich nenne hier nur Daniel Pipes, dessen Buch *Il lato oscuro della storia* (Die dunkle Seite der Geschichte) 2005 in italienischer Übersetzung erschienen ist. Im Original war es bereits 1997 unter dem deutlicheren Titel *Conspiracy* veröffentlicht worden (mit dem Untertitel *Wie der paranoide Stil floriert und woher er kommt*).[5] Das Buch beginnt mit einem Zitat von Metternich, der, als er vom Tod des russischen Botschafters in Wien hörte, gesagt haben soll: »Was werden seine Beweggründe gewesen sein?«

Die Menschheit war seit jeher fasziniert von eingebildeten Komplotten. Popper zitiert Homer, aber für neuere Zeiten erinnern wir an den Abbé Barruel, der die Französische Revolution einer Verschwörung der mittelalterlichen Tempelritter zuschrieb, die überlebt hätten und in Freimaurersekten aufgegangen seien, und an die Vervollständigung seiner Theorie durch einen mysteriösen Hauptmann Simonini, der auch noch die Juden ins Spiel gebracht hat, sodass die Grundlage für die späteren *Protokolle der Weisen von Zion* gelegt war.

Kürzlich bin ich im Internet auf eine Website gestoßen, die alle Niedertracht der beiden letzten Jahrhunderte den Jesuiten zuschreibt. Präsentiert wird ein langer Text mit dem Titel *Le monde malade des jésuites* von Joël Labruyère. Wie der Titel nahelegt, handelt es sich um eine umfangreiche Auflistung aller Ereignisse der Welt (nicht nur der zeitgenössischen), die auf die jesuitische Weltverschwörung zurückgehen.

Die Jesuiten des 19. Jahrhunderts, von Abbé Barruel bis zur Gründung der Zeitschrift *Civiltà Cattolica* und zu den Romanen von Pater Bresciani, gehörten zu den wichtigsten Inspiratoren der Theorie von der jüdisch-freimaurerischen Weltverschwörung, und es war nur gerecht, dass es ihnen vonseiten der Liberalen, der Mazzinianer, Freimaurer und Antiklerikalen mit gleicher Münze heimgezahlt wurde, nämlich mit der Theorie von der jesuitischen Weltverschwörung, die nicht nur durch einige Streitschriften und berühmte Bücher Verbreitung fand, von Pascals *Provinciales* bis zu Giobertis *Il Gesuita moderno* und zu den Schriften von Michelet und Quinet, sondern auch durch die populären Romane von Eugène Sue, *Der Ewige Jude* (1844–45) und *Die Geheimnisse des Volkes* (1849–57).

Nichts Neues also, aber die Website von Labruyère treibt die Jesuiten-Obsession auf die Spitze. Ich fasse nur kurz zusammen, weil die Komplottphantasie Labruyères geradezu homerische Dimensionen annimmt. Also die Jesuiten sind stets darauf aus gewesen, eine Weltregierung zu konstituieren, die sowohl den Papst als auch die verschiedenen europäischen Monarchien kontrolliert. Durch den berüchtigten Illuminatenorden (den die Jesuiten selber gegründet hatten, um ihn dann als kommunistisch zu denunzieren) versuchten sie, jene Monarchen zu stürzen, die die Gesellschaft Jesu aus ihren Reichen verbannt hatten. Es waren die Jesuiten, die den Untergang der *Titanic* verursacht hatten, weil es ihnen durch diesen Unfall möglich wurde, die Federal Reserve Bank zu gründen, vermittelt durch die von ihnen kontrollierten Malteserritter – und nicht zufällig sind beim Untergang der *Titanic* die drei reichsten Juden der damaligen Welt gestorben, Astor, Guggenheim und Strauss, die sich der Gründung jener Bank widersetzt hatten. Mithilfe der Federal Reserve Bank haben die Jesuiten dann die beiden Weltkriege finanziert, die eindeutig nur dem Vatikan Vorteile gebracht haben. Was den Mord an Kennedy angeht – wenn wir nicht vergessen, dass auch die CIA als ein jesuitisches Programm entstanden ist, inspiriert von den geistlichen Exerzitien des Ignatius von Loyola, und dass Jesuiten sie durch den sowjetischen KGB kontrollierten –, so verstehen wir, dass Kennedy von denselben Leuten ermordet worden ist, die schon die *Titanic* hatten untergehen lassen.

Natürlich sind auch sämtliche neonazistischen und antisemitischen Gruppierungen jesuitisch inspiriert, die Jesuiten standen hinter Nixon und Clinton, es waren Jesuiten, die das Massaker von Oklahoma City planten, von Jesuiten inspiriert war Kardinal Spellman, der den Vietnamkrieg förderte, an dem die jesuitische Federal Bank zweihundertzwanzig Millionen Dollar verdient hat. Natürlich darf in diesem Rahmen auch nicht die Organisation Opus Dei fehlen, die die Jesuiten durch die Malteserritter kontrollieren.

Dies nun bringt uns zu Dan Browns *Da Vinci Code*, einem Roman, der das Verschwörungssyndrom zu seinem Rohstoff gemacht und damit Legionen von gläubigen Lesern gezwungen hat, Orte in Frankreich und in England aufzusuchen, wo sich die beschriebenen Dinge ganz offenkundig nicht befanden. Brown schmückt seine Erzählung fröhlich mit zahllosen Schnitzern aus, etwa wenn er behauptet, das Priorat von Zion sei in Jerusalem von einem

»französischen König mit Namen Gottfried von Bouillon« gegründet worden, obwohl doch Gottfried bekanntlich die Königswürde nie akzeptiert hat; oder dass Papst Clemens V. zur Beseitigung der Templer »versiegelte Geheimbefehle ausgesandt hatte, die seine Soldaten in ganz Europa am Freitag, den 13. Oktober 1307, hätten öffnen sollen«, obwohl doch geschichtlich belegt ist, dass die Botschaften an die Vögte und Seneschallen des Königreichs Frankreich nicht vom Papst, sondern von Philipp dem Schönen verschickt wurden (und genauso wenig ist klar, wie der Papst »Soldaten in ganz Europa« gehabt haben soll); oder wenn Brown die 1947 in Qumran gefundenen Schriftrollen (die weder von der »wahren Geschichte des Gral« noch vom »Reich Christi« sprechen) mit den Schriften von Nag Hammadi verwechselt, die einige gnostische Evangelien enthalten. Oder wenn er schließlich von einer Sonnenuhr in der Kirche Saint-Sulpice in Paris behauptet, es handle sich um »einen Überrest des heidnischen Tempels, der einstmals genau an jener Stelle stand«, und dort erscheine eine sogenannte Rosenlinie, die dem Nullmeridian von Paris entspreche und sich bis ins Untergeschoss des Louvre fortsetze, unterhalb der sogenannten umgekehrten Glaspyramide, wo sich angeblich die letzte Stätte des Heiligen Grals befinde. Prompt begeben sich auch heute noch zahlreiche Geheimnissucher auf Pilgerreise nach Saint-Sulpice, um nach der Rosenlinie zu suchen, sodass sich die Kirchenleitung veranlasst sah, am Eingang eine Plakette mit folgender Richtigstellung anzubringen:

Die Méridienne [der »Mittagsweiser«] in Gestalt einer Messinglinie im Fußboden der Kirche ist Teil eines wissenschaftlichen Messinstrumentes, das im 18. Jahrhundert konstruiert wurde. Dies erfolgte durch die Astronomen des kurz zuvor eingerichteten Observatoriums von Paris und in vollem Einverständnis mit den kirchlichen Behörden. Die Linie wurde benutzt, um verschiedene Parameter der Erdkugel zu bestimmen [...] Anders als ein neuer Bestsellerroman phantasievoll behauptet, handelt es sich dabei nicht um die Überreste eines heidnischen Tempels, den es an dieser Stelle nie gegeben hat. Auch wurde sie nie Rosenlinie genannt. Sie ist auch nicht deckungsgleich mit dem Meridian, der den Mittelpunkt des Observatoriums durchläuft und den Karten, auf denen die Längengrade in Gradabweichungen östlich oder westlich von Paris angegeben werden, als Bezugspunkt dient. Von diesem astronomischen Instrument lässt sich keinerlei mystischer Begriff ableiten, es sei denn die Erkenntnis, dass allein der Schöpfergott Herr über die Zeit ist. Auch beachte man, dass die Buchstaben P und S in den kleinen Rundfenstern zu beiden Seiten der Vierung sich auf Pierre und Sulpice beziehen, die Patrone der Kirche, und nicht auf ein fiktives Priorat von [S]ion.

Weshalb haben Ammenmärchen so großen Erfolg? Weil sie ein Wissen verheißen, das nicht allen zugänglich ist. Erst kürzlich hat Frédéric Lordon in *Le Monde Diplomatique* die Hypothese aufgestellt, das Verschwörungssyndrom sei die Reaktion einer Bevölkerung, die gerne begreifen würde, was gerade passiert, aber oft feststellen muss, dass ihr der Zugang zu umfänglicher Information verwehrt wird. Und er zitiert Spinozas *Theologisch-politischen Traktat* (damit sind wir im 17. Jahrhundert), in dem es heißt: »Es überrascht nicht, dass der Pöbel weder Wahrheit noch Urteilskraft hat, solange die Staatsgeschäfte ohne sein Wissen verhandelt werden.« Doch zwischen Staatsgeheimnis, Verschwiegenheit und Komplott liegt noch ein gewisser Unterschied.

So schreibt Richard Hofstadter in seinem Buch *The Paranoid Style in American Politics* (London 1965), die Lust am Komplott sei nur zu erklären, wenn man die Kategorien der Psychiatrie auf das gesellschaftliche Denken anwende. Es handle sich um zwei Formen von Paranoia. Der klinisch kranke Paranoiker sehe die ganze Welt gegen seine Person verschworen, während der Sozialparanoiker der Ansicht sei, die Verfolgung durch geheime Mächte richte sich gegen seine Bezugsgruppe, seine Nation oder seine Religion. Ich halte den Sozialparanoiker für gefährlicher als den klinisch kranken Paranoiker, weil er seine Obsessionen von Millionen anderer Menschen geteilt sieht und den Eindruck hat, er handle uneigennützig gegen das Komplott. Dies erklärt manches von dem, was heute in der

Welt geschieht, nicht nur vieles von dem, was gestern geschah.

Auch Pier Paolo Pasolini hatte einmal geschrieben, dass Verschwörungen uns faszinieren, weil sie uns von der Last befreien, uns mit der Wahrheit auseinanderzusetzen. Nun könnte es uns ja gleichgültig sein, ob die Welt von Verschwörern wimmelt: Wer glaubt, die Amerikaner seien nicht auf dem Mond gelandet, ist selber schuld. In einem Online-Artikel mit dem Titel »The social consequences of conspiracism« ziehen Daniel Jolley und Karen M. Douglas aus diversen Studien den Schluss, »dass bei Menschen, die ihre Informationen vorwiegend aus Verschwörungstheorien beziehen, die Lust auf politische Betätigung geringer ist als bei solchen, deren Informationen auf Widerlegung der Verschwörungstheorien abzielen«.[6] Wenn man tatsächlich davon überzeugt ist, dass die Weltgeschichte von Geheimgesellschaften gelenkt wird, seien es die Illuminaten oder die Gruppe Bilderberg, die im Begriff sind, eine neue Weltordnung zu errichten – was kann ich als Einzelner dagegen tun? Ich gebe auf und ziehe mich wütend in mein Schneckenhaus zurück. Jede Verschwörungstheorie richtet die öffentliche Phantasie auf inexistente Gefahren und lenkt sie von den echten Bedrohungen ab. Wie Noam Chomsky einmal bemerkte, als er sich gleichsam eine Verschwörung der Verschwörungstheorien ausdachte: Von den Hirngespinsten über ein mutmaßliches Komplott profitieren vor allem diejenigen Institutionen, auf die es die Verschwörungstheorie abgesehen hatte. Mit anderen Worten, wenn man sich vorstellt, Bush habe für den Einsturz der Twin Towers gesorgt, um den Irakkrieg zu rechtfertigen, bewegt man sich zwischen verschiedenen Halluzinationen und verzichtet darauf, die Techniken und wirklichen Gründe für Bushs Intervention im Irak zu analysieren und zu klären, welchen Einfluss die Neocons auf ihn und seine Politik gehabt haben.

Aber hier möchte ich mich weniger mit dem Umsichgreifen des Verschwörungssyndroms beschäftigen, das vor unser aller Augen stattfindet, sondern mit den, sagen wir, pseudosemiotischen Techniken, mit denen die vermeintlichen Verschwörungen nachgewiesen und gerechtfertigt werden.

Gewöhnlich bedient sich eine Verschwörungstheorie zufälliger Koinzidenzen, die mit Bedeutung aufgeladen werden, und kombiniert Fakten, die nichts miteinander zu tun haben. Um ein Beispiel zu geben, hier eine hübsche Reihe von Zufälligkeiten, die, wenn noch nicht zu Verschwörungstheorien ausgeartet, zumindest auf dem besten Weg dahin sind. Im Internet lese ich: Abraham Lincoln wurde 1846 in den Kongress gewählt und John F. Kennedy 1946; Lincoln wurde 1860 zum Präsidenten gewählt und Kennedy 1960. Die Gattinnen von beiden verloren ein Kind, während sie im Weißen Haus residierten. Beiden wurde an einem Freitag von einem Südstaatler in den Kopf geschossen. Lincolns Sekretär hieß Kennedy, und Kennedys Sekretärin hieß Lincoln. Lincolns Nachfolger war Andrew Johnson (geboren 1808), und Lyndon B. Johnson, der

Nachfolger Kennedys, wurde 1908 geboren. John Wilkes Booth, der Mörder Lincolns, wurde 1839 geboren und Lee Harvey Oswald 1939. Lincoln wurde im Ford's Theatre getroffen und Kennedy in einem Wagen der Marke Ford-Lincoln. Lincoln wurde in einem Theater erschossen, und sein Mörder versteckte sich in einem Lagerhaus. Der Mörder Kennedys schoss aus einem Lagerhaus und versteckte sich in einem Theater. Sowohl Booth als auch Oswald wurden erschossen, bevor es zu einem Prozess kam. Kirschlein auf der Torte (leicht anrüchig): Eine Woche vor seiner Ermordung war Lincoln in Monroe, Maryland gewesen. Eine Woche vor seiner Ermordung war Kennedy in Monroe, Marilyn gewesen.

Viele Spekulationen hat es auch über den Einsturz der Twin Towers und das dabei auffällig häufige Vorkommen der Zahl 11 gegeben.

Ebenfalls im Internet, um dabeizubleiben, wird gezeigt, wie man, wenn man eine Fünfzig-Dollar-Note mit einer geradezu origamiartigen Technik faltet, ein Bild von den Zwillingstürmen in Flammen erhält, an dem man erkennt, dass eine Freimaurerverschwörung (es ist normal und kein Zufall, dass man auf amerikanischen Banknoten Freimaurersymbole findet, war doch ein Großteil der Verfasser der Unabhängigkeitserklärung Freimaurer) jene Katastrophe vorhergesehen und von langer Hand geplant hatte.

Phantasien dieser Art haben mich vor einiger Zeit dazu angeregt, eine Parodie auf Dan Browns *Da Vinci Code* zu verfassen. Betrachten wir Leonardos *Abendmahl*, so sehen wir dreizehn Personen am Tisch sitzen. Jesus und Judas (die beide kurz darauf sterben werden) nicht mitgerechnet, bleiben elf Tischgäste übrig. Elf ist die Anzahl der Buchstaben der beiden Namen Petrus und Judas, elf Buchstaben hat das Wort *Apocalypsis*, desgleichen der Titel *Ultima coena*, rechts und links neben Jesus sitzen je zwei Apostel mit ausgebreiteten Armen und einer mit ausgestrecktem Zeigefinger, sodass in beiden Fällen eine Elf gebildet wird. Und elf an der Zahl sind auch die großen Rechtecke (Seitenpaneele und Fenster), die auf dem Gemälde erscheinen. Mehr noch, wenn man, einem elementaren Prinzip der Kabbala folgend, den 26 Buchstaben des Alphabets eine fortlaufende Zahl zuordnet und jeden Buchstaben durch diese Zahl ersetzt, so ergibt der Name Leonardo da Vinci die Rechnung

$$12+5+15+14+1+18+4+15+4+ 1+22+9+14+3+9=146,$$

und die Quersumme von 146 ist elf. Führt man dieselbe Operation mit dem Namen Matthäus durch, so ist die Summe aus dem Zahlenwert der Buchstaben 74 und deren Quersumme wiederum elf. Elf mal elf ergibt 121: Zieht man davon die zehn Gebote ab, so erhält man 111.

Die Zahlenwerte der Buchstaben des Namens Judas betragen zusammengezählt 42, Quersumme 6. Das Auftauchen der Zahl 6 veranlasst uns, 111 mit 6 zu multiplizieren, und siehe da, schon sind wir bei 666, der »Zahl der Bestie«.

Somit verkündet das *Abendmahl*, indem es den Verrat an Jesus anprangert, zugleich die Ankunft des Antichristen.

Natürlich musste ich, damit die Rechnung aufging, Petrus lateinisch benennen und Matthäus italienisch (Matteo), Judas einmal italienisch (Giuda) und einmal eben Judas, *Ultima coena* musste lateinisch sein (nicht italienisch *Ultima cena*, wofür es keinen triftigen Grund gab), und um auf 111 zu kommen, musste ich die zehn Gebote abziehen und nicht etwa die fünf Wunden Christi oder die sieben Werke der Barmherzigkeit. Aber so geht es nun einmal bei der Numerologie.

Schließen möchte ich hier mit der Rekonstruktion eines weiteren hohlen Komplotts, das noch heute Tausende Neugierige in die Ortschaft Rennes-le-Château führt und auf der Idee beruht, Christus habe Maria Magdalena geheiratet, mit ihr die Dynastie der Merowinger begründet und damit ein phantomhaftes Priorat von Zion, das noch heute aktiv sei. Dieses Komplott verbindet sich, wie es nicht anders sein konnte, mit dem Geheimnis des Grals.

Die legendäre Reliquie hat verschlungene Wege zurückgelegt, sich bald da und bald dort befunden, und eine der jüngsten Legenden, die sich den Büchern des Nazis Otto Rahn verdankt, wollte sie in Montségur in Südfrankreich verorten. Die Gegend war also günstig für ein Wiederaufflackern der Legende, man brauchte nur einen Vorwand. Den lieferte die Geschichte des Abbé Bérenger

Saunière, von 1885 bis 1909 Gemeindepfarrer in Rennes-le-Château, einer kleinen Ortschaft ungefähr vierzig Kilometer von Carcassonne entfernt. Saunière hatte die dortige Kirche außen und innen restauriert und sich als Wohnsitz eine Villa Bethanien errichtet, dazu einen Turm auf einem Hügel, den Magdala-Turm, der an den Davidsturm in Jerusalem erinnerte.

Die Baukosten waren auf zweihunderttausend damalige Francs veranschlagt worden, was ungefähr zweihundert Jahresgehältern eines Provinzpfarrers entsprach, weshalb der Bischof von Carcassonne Ermittlungen eingeleitet und Saunière in eine andere Pfarrei versetzt hatte. Aber Saunière hatte sich geweigert und sich ins Privatleben zurückgezogen. Im Jahr 1917 starb er.

Nach seinem Tod jedoch begann es Hypothesen förmlich zu hageln. Es hieß, Saunière habe während der Renovierungsarbeiten in der Pfarrkirche einen Schatz gefunden. In Wahrheit hatte der gewiefte Pfarrer in Annoncen dafür geworben, dass ihm Geld geschickt werde, und den Spendern im Gegenzug versprochen, für ihre Verstorbenen Messen zu lesen, und so hatte er Geld für Hunderte von Messen erhalten, die er tatsächlich nie las – und eben deshalb hatte der Bischof von Carcassonne Ermittlungen gegen ihn aufgenommen.

Bei seinem Tod hinterließ Saunière alles von ihm Erbaute seiner Haushälterin Marie Dénarnaud, die, um dem Geerbten Wert zu verleihen, der Legende vom Schatz weiter Nahrung gab. 1946 erbte dann ihre Besitztümer eine gewisse Noël Corbu, eröffnete ein Restaurant im Dorf und streute in der Lokalpresse Nachrichten über das Geheimnis des »milliardenschweren Pfarrers«, was für die Ankunft etlicher Schatzjäger sorgte.

An diesem Punkt trat Pierre Plantard auf den Plan, ein Mann, der sich politisch in rechtsextremen Gruppen betätigt, antisemitische Gruppen gegründet und im Alter von siebzehn Jahren die Bewegung Alpha Galates ins Leben gerufen hatte, die auf der Seite des Kollaborationsregimes von Vichy stand. Was ihn nach der Befreiung nicht daran hinderte, seine Organisationen als Gruppen des Partisanenwiderstands zu verkaufen.

Im Dezember 1953, nachdem er wegen Vertrauensbruchs sechs Monate im Gefängnis gesessen hatte (später sollte er noch zu einem Jahr wegen Verführung Minderjähriger verurteilt werden), präsentierte Plantard sein Priorat von Zion, dem er auf der Grundlage von Dokumenten, die Saunière entdeckt habe, eine fast zweitausendjährige Geschichte zuschrieb. Angeblich bewiesen diese Dokumente das Überleben der merowingischen Herrscherlinie, und Plantard behauptete, von Dagobert II. abzustammen.

Plantards Schwindel überkreuzte sich dann mit einer Publikation von Gérard de Sède, der schon 1962 ein Buch über die Geheimnisse des Schlosses Gisors in der Normandie geschrieben hatte, wo er mit Roger Lhomoy in Kontakt gekommen war, einem Sonderling, halb Penner, halb Besessenem, der eine Zeit lang als Gärtner und Aufseher im Schloss gearbeitet und später zwei Jahre damit verbracht hatte, nachts im Keller nach antiken Geheimgängen zu graben, bis er schließlich verkündete, er sei auf einen Saal gestoßen, in dem er einen steinernen Altar gesehen habe, an den Wänden Bilder von Jesus und den zwölf Aposteln und längs der Wand aufgereiht steinerne Sarkophage und dreißig aus Edelmetall gearbeitete Truhen.

Alle später von de Sède angeregten Forschungen brachten zwar ein paar Tunnel zum Vorschein, führten aber nicht zu dem fabelhaften Saal. In der Zwischenzeit war de Sède jedoch von Plantard angesprochen worden, der behauptete, er besitze nicht nur geheime Dokumente, die er leider nicht vorzeigen könne, sondern auch eine Karte des geheimnisvollen Saales. Tatsächlich hatte er diese Karte selbst nach den Angaben des besagten Lhomoy gezeichnet, der wiederum de Sède ermuntert hatte, sein Buch zu schreiben und darin anzudeuten, in dieser Geschichte hätten, wie fast immer in solchen Fällen, die Tempelritter die Hand im Spiel. 1967 veröffentlichte de Sède sein Buch *Der Schatz von Rennes-le-Château* und verschaffte damit dem Mythos des Priorats von Zion endgültig die Aufmerksamkeit der Medien, zusammen mit der Reproduktion der falschen Pergamente, die Plantard in diverse Bibliotheken zu streuen verstanden hatte. In Wahrheit, wie Plantard später selber zugab, waren diese Pergamente von Philippe de Chérisey, einem Schauspieler und Humoristen beim französischen Rundfunk, gezeichnet worden, der 1979 schließlich bekannte, Autor der Fälschungen zu sein und die Unzialschrift von Dokumenten aus den Beständen der Pariser Nationalbibliothek abgekupfert zu haben.

In diesen Dokumenten entdeckte de Sède einen beunruhigenden Hinweis auf ein weltberühmtes Gemälde von Nicolas Poussin, auf dem (wie zuvor bereits auf einem Gemälde von Guercino) einige Hirten an einem Grab mit dem eingravierten Schriftzug *Et in Arcadia ego* dargestellt sind. Dabei handelt es sich um ein klassisches Memento mori, in dem auf die Anwesenheit des Todes auch im glücklichen Arkadien hingewiesen wird. Plantard aber hatte behauptet, der Satz tauche seit dem 13. Jahrhundert auch in seinem Familienwappen auf (was unwahrscheinlich ist, denn Plantard war der Sohn eines Kellners), die Landschaft auf den Gemälden erinnere an die Umgebung von Rennes-le-Château (während Poussin aus der Normandie stammte und Guercino überhaupt nie in Frankreich gewesen war), und die Gräber auf den Gemälden Poussins und Guercinos ähnelten einem Grab, das bis in die achtziger Jahre an einer Straße zwischen Rennes-le-Château und Rennes-les-Bains zu sehen war. Leider ist dann aber nachgewiesen worden, dass dieses Grab erst im 20. Jahrhundert angelegt worden ist.

In jedem Fall sah man darin den Beweis, dass die Gemälde sowohl bei Poussin als auch bei Guercino vom Priorat von Zion in Auftrag gegeben worden waren. Aber damit war die Entschlüsselung des Poussin-Gemäldes noch nicht zu Ende: Durch ein Anagramm von *Et in Arcadia ego* gelangte man zu dem Fluch *I! Tego arcana Dei*, was so viel heißt wie »Weiche! Ich (ver)berge die Geheimnisse Gottes«, und das nahm man dann als »Beweis«, dass es sich bei dem Grab um die Grabstätte Jesu handle.

De Sède vermerkte, dass in der von Saunière restaurierten Kirche die Inschrift *Terribilis est locus iste* auftaucht, was die auf Mysterien Versessenen ganz aus dem Häuschen brachte. Tatsächlich handelt es sich um ein Zitat aus Genesis 28,17, das in vielen Kirchen auftaucht und sich auf Jakobs Vision von der Himmelsleiter bezieht. Denn als Jakob aus seinem Traum erwacht, stellt er in der lateinischen Vulgata fest: »terribilis est […] locus iste [furchtbar ist dieser Ort].« Im Lateinischen bedeutet *terribilis* freilich, dass etwas verehrungswürdig und ehrfurchtgebietend ist – der Ausdruck hat daher nichts Bedrohliches an sich.

In der Kirche dient dem Weihwasserbecken ein kninender Dämon als Stütze, der als Asmodeus gedeutet wurde, und auch hier könnte man einwenden, dass es etliche romanische Kirchen mit Teufelsabbildungen gibt. Außerdem überragen den Asmodeus die Abbildungen von vier Engeln, unter denen der Satz »Par ce signe tu le vincrais« prangt, der auf Konstantins *In hoc signo vinces* verweisen könnte, aber das eingefügte »le« hat die Geheimnisjäger darauf gebracht, die Buchstaben des Satzes zu zählen: Es sind 22, so viel wie die Zähne des Schädels am Eingang zum Friedhof, so viel wie die Zinnen des Magdala-Turms und so viel wie die Stufen der beiden Treppen, die zum Turm hinaufführen. Die Buchstaben von »le« sind zudem der dreizehnte und der vierzehnte des Satzes; fügen wir dreizehn und vierzehn zusammen, so haben wir 1314, das Jahr, in dem Jakob von Molay, der Großmeister des Templerordens, auf dem Scheiterhaufen hingerichtet wurde. Betrachten wir dann die anderen Standbilder und setzen die Anfangsbuchstaben der dargestellten Heiligen (Germaine, Rochus, Antonius der Eremit, Antonius von Padua und Lukas) zusammen, so haben wir GRAAL, die französische Form von Gral.

Vielleicht wäre die Legende von Rennes-le-Château mit der Zeit demontiert worden, wenn de Sèdes Buch nicht so großen Eindruck auf einen Journalisten gemacht hätte, nämlich auf Henry Lincoln, der für die BBC drei Dokumentarfilme über Rennes-le-Château drehte. Zusammen mit Richard Leigh, einem weiteren glühenden Anhänger okkulter Mysterien, und dem Journalisten Michael Baigent publizierte er 1982 das Buch *Der Heilige Gral und seine Erben*, das sofort hohe Auflagen erzielte. Es fasste sämtliche von de Sède und Plantard verbreiteten Behauptungen zusammen, schmückte sie romanhaft aus und ließ, indem er das Ganze als unbestreitbare geschichtliche Wahrheit darstellte, die Gründer des Priorats von Zion direkt von Jesus Christus abstammen, der nicht am Kreuz gestorben sei, sondern sich mit Maria Magdalena vermählt habe, nach Frankreich geflohen sei und dort die Dynastie der Merowinger begründet habe. Was Saunière gefunden habe, sei nicht ein Schatz gewesen, sondern eine Reihe von Dokumenten, die bewiesen, dass die Nachkommenschaft Jesu von königlichem Blut, *Sang Real*, sei, was dann verballhornt zu *Saint Graal*, Heiliger Gral, wurde. Den Grundstein zu Saunières Reichtum habe das Gold des Vatikans gelegt, das ihm für die Geheimhaltung seiner schrecklichen Entdeckung bezahlt worden sei. Außerdem habe bereits Plantard versichert, es hätten im Lauf der Jahrhunderte Sandro Botticelli, Leonardo da Vinci, Robert Boyle, Robert Fludd, Isaac Newton, Victor Hugo, Claude Debussy und Jean Cocteau dem Priorat angehört. Fehlte nur noch Asterix.

All diese falschen Dokumente haben den Mythos von Rennes-le-Château bestärkt und es zum Ziel vieler Pilgerreisen gemacht. Die Einzigen, die im Grunde nicht daran glaubten, waren die Initiatoren des Märchens. Als die Geschichte von Baigent und Co. bereits romanhaft aufgeplustert worden war, ließ de Sède in einem Buch von 1988 die diversen Schwindeleien und Betrügereien rund um Saunières Dorf auffliegen. Und 1989 widerrief auch Pierre Plantard alles, was er zuvor behauptet hatte, und schlug eine zweite Version der Legende vor, derzufolge das Priorat erst 1781 in Rennes-le-Château entstanden sei. Außerdem revidierte er einige seiner falschen Dokumente und erweiterte die Liste der Großmeister des Priorats um Roger-Patrice Pelat, einen Freund von François Mitterrand, der später wegen illegaler Börsengeschäfte angeklagt wurde. Plantard, der als Zeuge bestellt war, gab unter Eid zu, dass er die ganze Geschichte des Priorats erfunden hatte.

Jetzt nahm ihn niemand mehr ernst. 2003 erschien jedoch Dan Browns *Da Vinci Code*, der sich klar und eindeutig auf de Sède, auf Baigent, Leigh und Lincoln und viele weitere okkultistische Literatur bezog. Brown behauptete nun, alle von ihm gemachten Angaben seien historisch wahr. Doch Lincoln, Baigent und Leigh strengten eine Plagiatsklage gegen ihn an. Im Vorwort zu ihrem *Der Heilige Gral und seine Erben* wird allerdings der ganze Inhalt des Buches als historische Wahrheit präsentiert. Und wenn jemand die Wahrheit eines historischen Faktums feststellt (etwa die, dass Cäsar an den Iden des März ermordet wurde), geht diese historische Wahrheit im selben Moment, in dem sie öffentlich gemacht wird, in kollektiven Besitz über, und wer erzählt, dass Cäsar im Senat dreiundzwanzig Dolchstöße versetzt bekommen hatte, kann deswegen nicht als Plagiator angeklagt werden. Indem Baigent, Leigh und Lincoln nun also Brown des Plagiats bezichtigten, gestanden sie damit öffentlich ein, dass alles, was sie als historische Wahrheit verkauft hatten, Frucht ihrer Phantasie und damit ihr exklusives literarisches Eigentum war. Freilich, um an einen Teil von Browns milliardenschwere Tantiemen heranzukommen, wäre wohl mancher bereit, Brief und Siegel darauf zu geben, dass er nicht Sohn seines rechtmäßigen Vaters sei, sondern eines der vielen Matrosen, die bei seiner Mama ein und aus gingen, und Baigent, Leigh und Lincoln müssten unser vollstes Verständnis finden. Aber noch kurioser ist, dass Brown im Prozessverlauf angab, er habe das Buch von Lincoln und Co. nie gelesen – eine widersprüchliche Verteidigung für einen Autor, der behauptet hatte, all seine Faktenaussagen aus zuverlässigen Quellen bezogen zu haben (die exakt mit dem übereinstimmten, was die Verfasser von *Der Heilige Gral und seine Erben* geschrieben hatten).

An diesem Punkt können wir die Geschichte von Rennes-le-Château auf sich beruhen lassen, wäre es nicht noch heute Ziel von Pilgerfahrten, als handle es sich um Medjugorje. Der Fall Rennes-le-Château lehrt nicht nur, wie einfach es ist, eine Legende aus dem Boden zu stampfen, sondern auch, wie dauerhaft diese sich durchsetzen kann, obwohl Historiker, Gerichte und andere Institutionen erkannt haben, dass es sich um eine Lüge handelt. Und somit erinnert uns die ganze Geschichte an einen Aphorismus, der Chesterton zugeschrieben wird: »Seit die Menschen nicht mehr an Gott glauben, glauben sie nicht etwa an nichts mehr, sondern an alles.« Das entspricht einer der Beobachtungen von Karl Popper und ist mir ein willkommenes Schlusswort für meine Ausführungen zum Verschwörungssyndrom.

FIKTIVE PROTOKOLLE

In dieser Vorlesung werde ich einige Fälle behandeln, in denen wir uns veranlasst sehen, Fiktion und Realität zu vermengen, die Realität zu lesen, als wäre sie Fiktion, und die Fiktion, als wäre sie Realität. Einige dieser Vermengungen sind vergnüglich und harmlos, andere sind absolut notwendig, und einige sind zutiefst erschreckend.

1934 veröffentlichte Carlo Emilio Gadda einen Zeitungsartikel, in dem er eine Beschreibung des Mailänder Schlachthofs gab. Da Gadda ein großer Schriftsteller war, war der Artikel auch ein schönes Stück Prosa. Kürzlich hat nun Andrea Bonomi ein interessantes Experiment vorgeschlagen.[1] Stellen wir uns vor, in jenem Artikel wäre nirgends der Name Mailand genannt worden, es hätte immer nur »diese Stadt« geheißen, der Artikel wäre unveröffentlicht geblieben, und nun findet ein Forscher das Manuskript unter Gaddas nachgelassenen Papieren. Er liest es und weiß nicht, ob es sich um die Beschreibung eines Ausschnitts unserer wirklichen Welt oder um Fiktion handelt. Er fragt sich also nicht, ob die im Text enthaltenen Aussagen wahr sind, sondern genießt die Rekonstruktion einer Welt, der Welt des Schlachthofs einer nicht näher bestimmten und vielleicht imaginären Stadt. Später entdeckt der Forscher eine Kopie des Manuskripts im Archiv des Mailänder Schlachthofs und auf dieser Kopie eine Randnotiz des Schlachthofdirektors, der vor Jahrzehnten geschrieben hat: »minutiöse und absolut exakte Beschreibung«. Mithin war in Gaddas Text von einem real existierenden Schlachthof die Rede, es handelte sich um eine Zeitungsreportage, die nach ihrem Wahrheitsgehalt zu beurteilen war, nach ihrer Übereinstimmung mit einem Sachverhalt, den es in unserer realen Welt gibt oder gegeben hat. Bonomis Argument ist nun, dass der Forscher, obwohl er seine Ansicht über die Natur des Textes ändern muss, den Text nicht neu zu lesen braucht. Die beschriebene Welt, ihre Bewohner und deren Eigenschaften bleiben dieselben, sie werden jetzt einfach vom Leser auf die Wirklichkeit »projiziert«. Bonomis Fazit: »Um den Inhalt eines Berichts zu erfassen, der einen bestimmten Sachverhalt beschreibt, ist es nicht nötig, dass auf diesen Inhalt die Kategorien wahr und falsch anwendbar sind.«

Dies ist nicht nur eine Behauptung des puren Common Sense. In Wirklichkeit neigen wir zu der Meinung, dass wir uns, wenn uns erzählt wird, dass bestimmte Dinge geschehen seien, instinktiv in eine Art Alarmbereitschaft versetzen, da wir annehmen, dass der Sprecher oder Schreiber uns etwas erzählen will, was wir für wahr halten sollen, weshalb wir uns darauf einstellen, das Gehörte oder Gelesene als wahr oder falsch zu beurteilen. Desgleichen meinen wir, dass wir nur in besonderen Fällen, wenn ein Fiktionssignal erscheint, unsere Ungläubigkeit suspendieren und uns darauf einstellen, in eine andere Welt einzutreten. Bonomis Gedankenexperiment mit Gadda beweist nun jedoch, dass wir, wenn wir eine Folge von Sätzen vor uns haben, in denen erzählt wird, was jemandem an einem so und so beschaffenen Ort zugestoßen ist, zunächst einmal mit dem Text kooperieren und mithelfen, eine Welt zu errichten, die eine innere Kohärenz hat, und erst dann entscheiden, ob wir die betreffenden Sätze als Beschreibung der realen Welt oder einer imaginären Welt verstehen sollen.

Dies zwingt uns, eine unter einschlägigen Theoretikern sehr gebräuchliche Unterscheidung neu zu bedenken, nämlich die zwischen *natürlichem* und *künstlichem* Erzählen.[2] Natürliches Erzählen beschreibt Ereignisse, die wirklich geschehen sind, die der Sprecher für wirklich geschehen hält oder von denen er uns (lügnerisch) weismachen will, dass sie wirklich geschehen seien. Beispiele für natürliches Erzählen sind sowohl der Bericht, in dem ich erzähle, was mir gestern passiert ist, wie auch eine Zeitungsmeldung oder sogar die gesamte *Geschichte des Verfalls und Untergangs des Römischen Reiches* von Edward Gibbon. Künstliches Erzählen wäre dagegen repräsentiert durch die erzählerische Fiktion, die nur so tut, als ob sie die Wahrheit sagt, oder die die Wahrheit nur im Bezugsrahmen eines fiktionalen Diskursuniversums zu sagen beansprucht.

Gewöhnlich erkennen wir das künstliche Erzählen am »Paratext«, das heißt an den Informationen, die den Text umgeben, vom Titel bis zur Gattungsangabe »Roman« auf dem Schutzumschlag. Manchmal fungiert sogar der Name des Autors als paratextliches Element; so waren zum Beispiel im vorigen Jahrhundert die Leser sicher, dass ein Buch, dessen Verfasser auf dem Umschlag als »der Autor von Waverley« bezeichnet wurde, ohne jeden Zweifel eine fiktive Geschichte enthielt. Das evidenteste Fiktionssignal innerhalb des Textes ist die Einleitungsformel »Es war einmal …«.

Dennoch ist die Lage nicht so klar, wie sie aus theoretischer Sicht erscheinen mag. Man denke zum Beispiel an die berühmte Panik, die Orson Welles 1938 mit seiner Radiosendung über die Invasion vom Mars ausgelöst hatte. Das Missverständnis und die Panik kamen daher, dass ein Teil der Hörer meinte, Meldungen im Radio seien immer Beispiele für natürliches Erzählen, während Welles meinte, er habe den Hörern genügend Fiktionssignale gegeben. Viele Hörer hatten sich aber auch erst bei laufender Sendung eingeschaltet, andere hatten die Fiktionssignale nicht verstanden und *projizierten* den Inhalt der Sendung auf die reale Welt.

Mein Freund Giorgio Celli, Schriftsteller und Professor der Entomologie, hat einmal eine Geschichte über ein perfektes Verbrechen geschrieben, in der er und ich die Protagonisten waren. Der Protagonist Celli hatte in die Zahnpastatube des Protagonisten Eco eine chemische Substanz injiziert, die eine sexuelle Anziehungskraft auf Wespen ausübte. Eco hatte sich vor dem Schlafengehen die Zähne geputzt, und die Substanz, von der eine ausreichende Menge auf seinen Lippen zurückgeblieben war, hatte während der Nacht Scharen von Wespen angelockt, die sich erregt auf ihn stürzten, mit tödlichen Folgen für ihn. Die Erzählung wurde auf der dritten Seite der Bologneser Tageszeitung *Il Resto del Carlino* veröffentlicht. Wie Sie vielleicht wissen, war die dritte Seite italienischer Tageszeitungen bis vor wenigen Jahren regelmäßig der Kultur gewidmet, und der Artikel in der linken Spalte, *elzeviro* genannt, konnte eine Besprechung, eine Glosse oder auch eine kurze Erzählung sein. Die Erzählung von Celli erschien als *elzeviro* unter dem Titel »Wie ich Umberto Eco umgebracht habe«.[3] Die Redakteure waren offenbar der Meinung, die Leser wüssten, dass alles, was in einer Zeitung steht, ernst zu nehmen ist, bis auf den *elzeviro*, der als ein Beispiel für künstliches Erzählen aufgefasst werden muss.

Doch als ich an jenem Morgen in die Bar trat, in der ich gewöhnlich meinen Morgenkaffee zu mir nehme, wurde ich von den Angestellten mit Bekundungen der Freude und der Erleichterung begrüßt, da sie geglaubt hatten, Celli habe mich wirklich ermordet. Ich schrieb das Missverständnis dem Umstand zu, dass diesen Leuten der nötige kulturelle Hintergrund fehlte, um die journalistischen Konventionen zu kennen. Aber etwas später begegnete ich dem Dekan meiner Fakultät, einem hochgebildeten Mann, dem diese Konventionen sehr wohl vertraut sind, und er gestand mir, dass er an jenem Morgen, als er die Zeitung aufschlug, zusammengezuckt sei. Es war nur ein kurzes

Zusammenzucken, aber einen Moment lang hatte er jenen Titel in einer Tageszeitung, die per definitionem über real geschehene Dinge berichtet, für die Überschrift einer realen Meldung gehalten.

Wir könnten sagen – und so *hat* man gesagt –, dass künstliches Erzählen strukturell komplexer sei als das natürliche, aber jeder Versuch, strukturelle Differenzen zwischen natürlichem und künstlichem Erzählen zu definieren, kann gewöhnlich durch eine Reihe von Gegenbeispielen vereitelt werden. Wenn man sagt, in der erzählerischen Fiktion gibt es Personen, die im Lauf des Geschehens Handlungen vollführen oder erleiden, und diese Handlungen verändern die Lage einer Person von einem Anfangs- zu einem Endzustand, so trifft diese Definition auch auf die folgende ernsthafte und wahrheitsgemäße Erzählung zu: »Gestern Abend hatte ich einen Mordshunger. Ich bin essen gegangen, habe mir *Steak and Lobster* gegönnt, und danach war ich sehr zufrieden.«[4] Fügt man hinzu, dass die Handlungen schwierig sein und eine unerwartete dramatische Entscheidung enthalten müssen, so bin ich sicher, dass W. C. Fields in hochdramatischer Weise zu erzählen gewusst hätte, welche Angst ihn angesichts der schwierigen Wahl zwischen Steak und Hummer befiel und wie genial er sein Dilemma gelöst hat. Ebenso wenig kann man sagen, dass die Entscheidungen, vor denen die Personen in *Ulysses* stehen, dramatischer seien als diejenigen, die wir in unserem Alltagsleben treffen müssen. Und nicht einmal die aristotelischen Vorschriften (dass die Helden nicht schlechter und nicht besser sein dürfen als wir gewöhnlichen Menschen, dass sie unerwartete Wendungen, Schicksalsschläge und Agnitionen erleiden müssen und dass die Handlung auf eine Katastrophe zutreiben muss, nach welcher die Katharsis eintritt) genügen, um eine erzählerische Fiktion zu definieren, denn auch viele Lebensbeschreibungen in Plutarchs *Vitae* erfüllen diese Anforderungen.

Fiktionalität könnte durch ein Insistieren auf nicht verifizierbaren Einzelheiten signalisiert werden, auch durch Erkundungen der Geistes- und Gefühlslagen einer Person, da kein historischer Bericht derlei »Realitätseffekte« ertrüge. Allerdings hat Roland Barthes, gerade als er seine Theorie der beim Erzählen benutzten »Realitätseffekte« darlegte, eine Stelle aus Michelets *Histoire de France* zitiert (aus Bd. 5, *La Révolution*, 1869), in welcher der Autor, während er Charlotte Cordays Gefängnisleben beschreibt, durch Insistenz auf nicht nachprüfbaren Details einen typischen narrativen Effekt einfügt: »Au bout d'une heure et demie, on frappe doucement à une petite porte qui était derriere elle« (»Nach anderthalb Stunden klopft es leise an eine kleine Tür, die hinter ihr war«).[5]

Wahr ist zweifellos, dass eine natürliche Erzählung kaum mit ausdrücklichen Fiktionssignalen beginnt. Daher hält man die *Wahre Geschichte* des Lukian von Samosata trotz ihres Titels für eine fiktive, da gleich im zweiten Absatz klargestellt wird: »Ich habe Lügen aller Art unter dem Anschein der Wahrheit und Glaubwürdigkeit präsentiert …« Ähnlich beginnt Fielding seinen *Tom Jones* mit der Warnung, es handle sich um einen Roman. Aber häufig beginnt die erzählerische Fiktion auch mit einem falschen Wahrhaftigkeitssignal. Vergleichen Sie einmal die folgenden Buchanfangspaare:

Angeregt hat mich die sehr berechtigte und oft wiederholte Klage der gelehrten Mitbrüder […], dass es in unseren Tagen niemanden gebe, der es auf sich nehme, in welcher Form auch immer unseren Nachkommen von den vielfältigen Ereignissen zu berichten, die sich sowohl in den Kirchen Gottes wie unter den Völkern zutragen und durchaus des Erinnerns wert sind.

Niemals haben sich Größe und Galanterie in Frankreich so glanzvoll gezeigt wie in den letzten Jahren der Herrschaft Heinrichs II.

Das erste ist der Anfang von Radulf Glabers *Historia suorum temporum*, das zweite der Anfang von Madame de Lafayettes *Prinzessin von Clèves*, und man beachte, dass Letztere über Seiten und Seiten so weitergeht, bevor deutlich wird, dass es sich um einen Roman und nicht um eine Chronik handelt.

Als Cäsar in Rom gewisse reiche Fremdlinge sah, die
junge Hunde oder Äffchen auf den Armen trugen und
sie liebkosten, fragte er – so heißt es –, ob ihnen ihre
Frauen keine Kinder gebaren.

Am 16. August 1968 fiel mir ein Buch aus der Feder
eines gewissen Abbé Vallet in die Hände […] Das
Buch, versehen mit ein paar historischen Angaben,
die in Wahrheit recht dürftig waren, präsentierte sich
als die getreue Wiedergabe einer Handschrift aus
dem 14. Jahrhundert …

Der erste, der wie der Auftakt zu einer phantastischen Erzählung klingt, ist der Anfang von Plutarchs Perikles-Bio-
graphie, der zweite der Anfang meines Romans *Der Name*
der Rose.

Wenn jemals die Geschichte der Abenteuer eines
Privatmannes in der Welt es verlohnt hat, öffentlich
bekannt gemacht zu werden, […] so wird es, glaubt
der Herausgeber dieses Berichts, hier der Fall sein.
Die Wunder im Leben dieses Mannes übertreffen alles
(glaubt er), was es bisher gegeben hat. […] Der
Herausgeber hält dies für einen reinen Tatsachen-
bericht; es gibt darin keinerlei Anzeichen einer
Fiktion.

Vielleicht ist es für unsere Leser nicht unannehmbar, wenn wir diese Gelegenheit ergreifen, um ihnen eine knappe Skizze des größten Königs vorzulegen, der je in modernen Zeiten durch Erbrecht auf einen Thron gelangt ist. Wir fürchten nur, dass es unmöglich sein wird, eine so lange und ereignisreiche Geschichte in den Grenzen, die wir uns setzen müssen, zu komprimieren.

Der erste ist der Anfang von *Robinson Crusoe*, der zweite der von Macaulays Essay über Friedrich den Großen.

Ich darf nicht beginnen, von meinem Leben zu erzählen, ohne meiner guten Eltern Erwähnung zu tun, deren Charakter und Liebenswürdigkeit so großen Einfluss auf meine Erziehung und auf die Anlage meiner Natur hatten.

Es ist schon ein wenig merkwürdig, dass – obwohl ich nicht dazu neige, allzu viel von mir und meinen Angelegenheiten am Kamin und zu meinen persönlichen Freunden zu sprechen – zweimal im Leben von einem autobiographischen Impuls erfasst worden bin, während ich an die Öffentlichkeit trat.

Das erste ist der Anfang von Garibaldis *Memorie*, das zweite der von Nathaniel Hawthornes *The Scarlet Letter*.

Natürlich gibt es auch sehr explizite Fiktionssignale, so

zum Beispiel den Anfang durch einen Einstieg in medias res, die Eröffnung durch einen Dialog, das Insistieren auf einer individuellen Geschichte anstelle einer allgemeinverbindlichen und vor allem unmittelbare Ironiesignale wie beispielsweise bei Musil, der seinen *Mann ohne Eigenschaften* mit einem langen Wetterbericht beginnt, in dem es von Fachausdrücken wimmelt:

> *Über dem Atlantik befand sich ein barometrisches Minimum; es wanderte ostwärts, einem über Russland lagernden Maximum zu, und verriet noch nicht die Neigung, diesem nördlich auszuweichen. Die Isothermen und Isotheren taten ihre Schuldigkeit.*

Was über eine halbe Seite so weitergeht, um dann in den Satz einzumünden:

> *Mit einem Wort, das das Tatsächliche recht gut bezeichnet, wenn es auch etwas altmodisch ist: Es war ein schöner Augusttag des Jahres 1913.*

Es genügt jedoch, ein einziges fiktionales Werk zu finden, das keines dieser Merkmale aufweist (und wir könnten Dutzende und Aberdutzende anführen), um zu sagen, dass es keine unumkehrbaren Fiktionssignale gibt – außer wenn Elemente des Paratextes ins Spiel kommen.

Aus alledem geht hervor: Oft ist es gar nicht so, dass

man in eine fiktive Welt *einzutreten beschließt*, sondern dass man sich *unversehens in ihr befindet* und dann beschließt, alles, was einem dort widerfährt, als einen Traum zu nehmen. Gewiss sind wir, wie Novalis sagte, dem Aufwachen nahe, wenn wir träumen, dass wir träumen. Aber dieser Zustand des Halbschlafs – in dem sich der Erzähler von *Sylvie* befand – wirft viele Probleme auf.

In der erzählerischen Fiktion sind präzise Verweise auf die reale Welt so eng miteinander verknüpft, dass der Leser, wenn er eine Weile in einem Roman verbracht und dessen fiktive Elemente gebührend mit den Verweisen auf die Realität vermischt hat, nicht mehr genau weiß, wo er sich eigentlich befindet.

So kommt es zu einigen wohlbekannten Phänomenen. Das erste haben wir, wenn der Leser das fiktionale Modell auf die Realität projiziert, oder einfacher gesagt, wenn er an die reale Existenz fiktiver Personen und Ereignisse glaubt. Dass viele Menschen glaubten und immer noch glauben, Sherlock Holmes habe wirklich gelebt, ist nur das berühmteste von sehr vielen möglichen Beispielen. Wenn Sie jemals mit einer Gruppe von Joyce-Fans nach Dublin fahren, werden Sie merken, wie schwierig es nach einer Weile wird – für die Fans sowieso, aber auch für unsereinen –, die von Joyce beschriebene Stadt von der realen zu unterscheiden, auch weil die Forscher inzwischen reale Individuen gefunden haben, die Joyce porträtiert hatte. Früher oder später, während Sie an den Kanälen entlanggehen oder auf den Martello Tower steigen, fangen Sie plötzlich an, Gogarty mit Lynch oder Cranly zu verwechseln oder den jungen Joyce mit Stephen Dedalus.

Proust schreibt in seinem Aufsatz über Nerval: »Wenn man in einem Eisenbahnfahrplan den Namen Pontarmé liest, erschauert man.« Nachdem er in *Sylvie* den Traum eines Traumes erkannt hat, träumt er vom real existierenden Valois in der absurden Hoffnung, darin das Mädchen wiederzufinden, das inzwischen auch ein Teil *seiner* Träume geworden war.

Das Ernstnehmen der fiktiven Personen kann auch eine besondere Art von Intertextualität produzieren, nämlich wenn der Auftritt – in einem Roman oder Drama – einer Person aus einem anderen Roman geradezu als Signal der Wahrhaftigkeit dient; so zum Beispiel am Ende des zweiten Aktes von Rostands *Cyrano de Bergerac*, wenn dem Helden ein Musketier gratuliert, der bewundernd als »d'Artagnan« vorgestellt wird. Die Präsenz des d'Artagnan aus der Fiktion von Dumas wird zur Beglaubigung der Wahrhaftigkeit der Geschichte von Cyrano – obwohl uns der historische d'Artagnan nur durch phantasievolle Zeugenaussagen bekannt ist (hauptsächlich durch Dumas), während wir über den historischen Cyrano sehr viel wissen.

Wenn fiktive Personen von einem Text zum anderen wandern können, heißt das, dass sie Bürgerrecht in der realen Welt erworben und sich von der Fiktion, in der sie entstanden sind, emanzipiert haben. Vor kurzem habe ich folgende Geschichte erfunden – im Vertrauen darauf, dass die Leser durch die Postmoderne inzwischen auf

jede mögliche Art von metafiktionaler Depravation gefasst
sind:

*Wien, 1950. Zwanzig Jahre sind vergangen, doch Sam
Spade hat seine Suche nach dem Malteser Falken
nicht aufgegeben. Sein Kontaktmann ist jetzt Harry
Lime, und die beiden treffen sich zu einem Gespräch
im Riesenrad über dem Prater. Danach begeben sie
sich ins Café Mozart, wo Sam in einer Ecke »As Time
Goes By« auf der Zither spielt. Am hintersten Tisch,
eine Zigarette im Mundwinkel, die Lippen zu einer
bitteren Miene verzogen, sitzt Rick. Er hat einen Hinweis in den Papieren gefunden, die ihm Ugarte gezeigt hatte, und hält nun Sam Spade ein Foto von
Ugarte hin. »Cairo!«, murmelt der Detektiv. Rick
fährt fort: In Paris, als er mit Capitain Renault trium-
phalen Einzug im Gefolge von de Gaulle hielt, habe er
von der Existenz einer gewissen Dragon Lady erfah-
ren (der mutmaßlichen Mörderin von Robert Jordan
im spanischen Bürgerkrieg), die vom Geheimdienst
auf die Spur des Falken gesetzt worden sei. Sie müsse
jeden Moment eintreffen. Die Tür geht auf, und es
erscheint die Gestalt einer Frau. »Ilsa!«, ruft Rick.
»Brigid!«, ruft Spade. »Anna Schmidt!«, ruft Lime.
»Miss Scarlett!«, ruft Sam. »Sie sind zurückgekom-
men. Tun Sie meinem Boss nicht wieder weh!«
Aus dem Halbdunkel der Bar löst sich die Gestalt
eines Mannes mit einem sarkastischen Lächeln auf*

den Lippen. Es ist Philip Marlowe. »Gehen wir, Miss
Marple«, sagt er zu der Frau. »Pater Brown erwar-
tet uns in der Baker Street.«

Wann wird es leicht, einer fiktiven Person reale Existenz zuzuschreiben? Beachten wir, dass dies ja durchaus nicht bei allen fiktiven Personen geschieht. Weder bei Gargantua noch bei Don Quijote, weder bei Madame Bovary noch bei Long John Silver, weder bei Lord Jim noch bei Popeye (weder dem von Faulkner noch dem der Comics) ist es geschehen. Stattdessen bei Sherlock Holmes und Siddharta und Rick Blaine. Ich glaube, dieses extra- und intertextuelle Leben fiktiver Personen fällt mit dem Phänomen des Kultes zusammen. Wann wird ein Film zu einem Kultfilm, wann wird ein Roman oder eine Dichtung ein Kultbuch?

Vor Jahren, als ich einmal zu erklären versuchte, warum *Casablanca* ein Kultfilm geworden ist,[6] habe ich die Hypothese erwogen, eine Bedingung des Erfolgs und der Kultbildung sei die »Zusammengestückeltheit« eines Werkes. Aber Zusammengestückeltheit heißt auch Zerstückelbarkeit. Ich erkläre Ihnen gleich, was ich meine. Wie man inzwischen weiß, ist die Story von *Casablanca* erst während der Dreharbeiten entwickelt worden, ohne dass der Ausgang schon feststand. Und Ingrid Bergman wirkt deswegen so faszinierend geheimnisvoll, weil sie beim Spielen noch nicht wusste, für welchen Mann sie sich am Ende entschieden haben würde, weshalb sie beide mit gleicher Zärtlichkeit und Vieldeutigkeit anlächelte. Und man weiß auch, dass der Regisseur und die Drehbuchautoren, als sie mit der noch ungewissen Story in Zeitnot kamen, einfach alle Klischees der ganzen Film- und Literaturgeschichte hineinverrührt haben, sodass der Film eine Art Museum für Kinofans geworden ist. Gerade deswegen aber kann er auch sozusagen stückweise benutzt werden, nach demontierbaren Einzelteilen, von denen jedes dann ein Zitat und ein Archetyp wird. Etwas Ähnliches ist mit *The Rocky Horror Picture Show* geschehen, einem Kultfilm par excellence, gerade weil er keinerlei Form hat und daher ad infinitum zerlegbar und deformierbar ist. Doch wie T. S. Eliot in einem berühmten Essay erwogen hat, könnte das auch der Grund für den Erfolg von *Hamlet* gewesen sein.

Eliot zufolge ist *Hamlet* eine nicht ganz gelungene Fusion aus drei verschiedenen älteren Quellen, in denen das vorherrschende Motiv das der Rache war, die Verzögerungen sich lediglich aus der Schwierigkeit ergaben, einen von Wächtern umgebenen König zu ermorden, und Hamlets »Verrücktheit« vorgetäuscht war, um keinen Verdacht aufkommen zu lassen. Shakespeare wollte jedoch das Motiv der schuldigen Mutter und der Wirkung ihrer Schuld auf den Sohn entfalten, aber er war nicht imstande, es dem »widerspenstigen« Stoff seiner Quellen aufzuprägen. Ergebnis: »Die Verzögerung der Rache ist nicht durch Gründe der Notwendigkeit oder Zweckmäßigkeit erklärbar; und die Wirkung der ›Verrücktheit‹ geht dahin, den Verdacht des Königs nicht zu beschwichtigen, sondern zu erregen [...] Und wahrscheinlich ist es öfter geschehen, dass Leute in *Hamlet* ein Kunstwerk sahen, weil sie es interessant fanden, als dass sie es interessant fanden, weil es ein Kunstwerk ist. Es ist die *Mona Lisa* der Literatur.«[7]

Der immense, jahrtausendealte Erfolg der Bibel verdankt sich ihrer Zerstückelbarkeit, bedenkt man, dass sie ein Werk verschiedener Autoren ist. Dantes *Divina Commedia* ist zwar durchaus nicht zusammengestückelt, aber wegen ihrer Komplexität, wegen der Vielzahl der in ihr vorkommenden Personen und der in ihr erzählten Ereignisse (was Himmel und Erde enthalten, um Dantes eigene Worte zu gebrauchen), erweist sie sich als derart zerlegbar, dass ihre Fans sie sogar als Reserve für Rätselspiele benutzen, so wie man im Mittelalter Vergil als Handbuch für Prophezeiungen und Wahrsagungen benutzte und wie man später Nostradamus benutzen sollte (ein weiteres schönes Beispiel für einen Erfolg aufgrund radikaler, unheilbarer Zusammengestückeltheit, bedenkt man, dass seine *Centuriae* gemischt werden können, wie man gerade will). Doch im Gegensatz zur *Göttlichen Komödie* ist Boccaccios *Decamerone* nicht zerstückelbar, denn jede Novelle muss als ganze genommen werden. Woran man sieht, dass der Grad an Zerstückelbarkeit nicht vom ästhetischen Wert eines Werkes abhängt. *Hamlet* bleibt ein faszinierendes Werk, und auch Eliot hat uns nicht überzeugen können, es weniger zu lieben, während sich wahrscheinlich nur wenige bereitfinden werden, der *Rocky Horror Picture Show* shakespearesche Größe zu attestieren. Dennoch sind beides Kultobjekte, das eine, weil es zerstückelbar ist, das andere, weil es so zusammengestückelt ist, dass es jedes mögliche Spiel der Interaktion erlaubt. Ein Wald muss, um ein heiliger Wald zu werden, wirr und verschlungen wie die Wälder der Druiden sein, nicht wohlgeordnet wie ein französischer Park.

Zahlreich sind also die Gründe, aus denen ein fiktionales Werk ins reale Leben umgefüllt werden kann. Aber wir müssen uns auch noch mit einem anderen, sehr viel wichtigeren Phänomen befassen: mit unserer Tendenz, das Leben wie einen Roman zu erfinden.

Nach dem jüdisch-christlichen Ursprungsmythos hat Adam den Tieren Namen gegeben. Auf der uralten Suche nach einer vollkommenen Sprache[8] hat man versucht, die Sprache Adams zu rekonstruieren, von dem es heißt, er habe die Tiere und Dinge ihrem Wesen gemäß zu benennen vermocht, aber jahrhundertelang war man der Ansicht, Adam habe eine Nomenklatur erfunden, das heißt eine Liste von *starren Designatoren*, bestehend aus Namen »natürlicher Gattungen«, um den Pferden, den Äpfeln oder den Eichen jeweils ihren »wahren« Namen zu geben. Erst im 17. Jahrhundert hat der englische Kaufmann Francis Lodwick die Idee vorgetragen, dass die ursprünglichen Namen nicht Namen von Substanzen, sondern von Handlungen gewesen sein müssten, dass es also nicht einen ursprünglichen Namen für den Trinker oder für das Getränk gab, sondern einen für die Handlung des Trinkens (*to drink*), und aus diesem Grundmuster hätten sich dann die Namen dessen, der die Handlung vollführt (*the drin-*

ker), des Gegenstandes der Handlung (*the drink*), des Ortes (*the drinkhouse*) und so weiter abgeleitet. Damit hat Lodwick vorweggenommen, was man heute die »Theorie der Case Grammar« nennt (zu deren Wegbereitern Kenneth Burke gehörte), nach welcher unser Verständnis eines gegebenen Ausdrucks in einem gegebenen Kontext die Form eines Instruktionsmusters annimmt, das Fragen nach einem Agenten, einem Gegenagenten, einem Ziel und so weiter stellt. Kurz gesagt, wir verstehen einen Satz, weil wir gewohnt sind, uns eine kleine Geschichte auszudenken, auf die sich der Satz bezieht, auch wenn er von natürlichen Individuen oder Gattungen spricht.

Eine ähnliche Idee können wir in Platons *Kratylos* finden: Ihm zufolge repräsentieren die Wörter nicht die Dinge an sich, sondern den Ursprung oder das Ergebnis einer Handlung. Der Genitiv von Zeus sei deswegen *Diós*, weil dieser Name ursprünglich die Grundtätigkeit des Königs der Götter ausgedrückt habe, nämlich *di' hoòn zen* zu sein, »der, durch welchen das Leben gegeben wird«. Ähnlich sei das Wort *anthropos* (Mensch) die Verstümmelung eines früheren Satzes mit der Bedeutung »der, welcher wiederbetrachten kann, was er gesehen hat«.

Somit könnten wir sagen, dass Adam beispielsweise die Tiger nicht als einzelne Exemplare einer natürlichen Gattung sah. Er sah bestimmte Tiere, die bestimmte morphologische Eigenschaften aufwiesen und in bestimmte Tätigkeiten verwickelt waren, wenn und solange sie mit anderen Tieren oder mit ihrer natürlichen Umwelt interagierten. Nur dann konnte Adam erkennen, dass ein bestimmtes Subjekt – das gewöhnlich gegen bestimmte andere Subjekte agierte, um bestimmte Ziele zu erreichen, und das sich unter so und so gearteten Umständen zeigte – nur Teil einer Geschichte war, einer Geschichte, die sich nicht von ihm abtrennen ließ und in der es eine unverzichtbare Rolle spielte. Und erst in diesem Stadium der Welterkenntnis konnte jenes Subjekt »X-in-Aktion« schließlich *Tiger* genannt werden.

Heute spricht man auf dem Gebiet der Künstlichen Intelligenz von *frames* als Handlungsmustern (wie etwa ein Restaurant betreten, zum Bahnhof gehen, um einen Zug zu nehmen, einen Regenschirm öffnen), deren Kenntnis einen Computer befähigt, verschiedene Situationen zu verstehen. Aber ein Psychologe wie Jerome Bruner ist der Ansicht, dass auch unsere normale Art und Weise, uns über Alltagserfahrungen Rechenschaft abzulegen, die Form einer Geschichte annimmt,[9] und das Gleiche geschieht mit der Geschichte als *historia rerum gestarum*. Arthur Danto hat gesagt, »die Geschichte erzählt Geschichten«, und Hayden White hat von Geschichtsschreibung als »literarischem Artefakt« gesprochen.[10] Algirdas Greimas hat seine ganze semiotische Theorie auf ein »aktantiales Modell« gegründet, eine Art narratives Skelett, das die Tiefenstruktur jedes semiotischen Prozesses darstellt, sodass er geradezu sagen kann, das Narrative sei »das Organisationsprinzip aller Diskurse«.[11]

Unsere perzeptiven Beziehungen mit der Außenwelt

funktionieren, weil wir uns auf früher gehörte Geschichten verlassen. Wir würden einen Baum nicht vollständig wahrnehmen, wenn wir nicht wüssten (weil andere es uns erzählt haben), dass er ein langes Wachstum hinter sich hat und nicht über Nacht aus dem Boden geschossen ist. Auch diese Gewissheit gehört zu unserem »Verstehen«, dass ein Baum ein Baum ist und nicht eine Blume. Wir glauben einer Erzählung, die unsere Vorfahren uns überliefert haben, auch wenn wir diese Vorfahren heute Wissenschaftler nennen.

Niemand lebt nur in der unmittelbaren Gegenwart, wir verknüpfen Dinge und Ereignisse mit dem Bindemittel der Erinnerung, der privaten und der kollektiven (sei sie Geschichte oder Mythos). Wir verlassen uns auf eine historische Erzählung, wenn wir »ich« sagen, ohne in Frage zu stellen, dass wir die natürliche Fortsetzung dessen sind, der – nach Aussage unserer Eltern oder Auskunft des Einwohnermeldeamts – um die und die Uhrzeit an dem und dem Tag in dem und dem Jahr an dem und dem Ort geboren ist. Und da wir mit zwei Erinnerungen leben – mit der individuellen, die uns zu erzählen erlaubt, was wir gestern getan haben, und mit der kollektiven, die uns erzählt, wann und wo unsere Mutter geboren wurde –, neigen wir oft dazu, die beiden Erinnerungen zu vermengen, als hätten wir die Geburt unserer Mutter (aber letztlich auch die von Julius Cäsar) in der gleichen Weise *als Augenzeugen* erlebt wie unsere letzte Reise.

Diese Vermengung von individueller und kollektiver

Erinnerung *verlängert* unser Leben, wenn auch nur nach hinten, und erscheint uns wie ein Versprechen der Unsterblichkeit. Die Teilhabe an der kollektiven Erinnerung (durch die Erzählungen der Älteren oder durch Bücher) versetzt uns ein wenig in die Lage von Borges vor dem magischen Aleph, jenem Punkt, der das ganze Universum enthält. In gewisser Weise können wir im Laufe unseres Lebens mit Napoleon frösteln, wenn plötzlich ein kühler Wind vom Atlantik her über Sankt Helena weht, uns mit Heinrich V. über den Sieg von Azincourt freuen und mit Cäsar am Verrat des Brutus leiden.

Daher ist es leicht zu verstehen, warum uns die narrative Fiktion so fasziniert. Sie bietet uns die Möglichkeit, unbegrenzt jene Fähigkeit auszuüben, die wir sowohl zur Wahrnehmung der Außenwelt wie zur Rekonstruktion der Vergangenheit brauchen. Die Fiktion hat die gleiche Funktion wie das Spiel. Spielend lernt das Kind zu leben, denn es simuliert Situationen, in denen es sich als Erwachsener befinden könnte. Und durch die narrative Fiktion üben wir Erwachsene unsere Fähigkeit, in die Erfahrung der Gegenwart wie der Vergangenheit eine Ordnung zu bringen.

Doch wenn die erzählerische Aktivität so eng mit unserem Alltagsleben verbunden ist, könnte es dann nicht auch vorkommen, dass wir das Leben als Fiktion interpretieren und beim Interpretieren der Realität fiktive Elemente in sie einführen?

Es gibt dafür ein erschreckendes Beispiel, eine schlimme Geschichte, bei der alle hätten bemerken können, dass es sich um Fiktion handelte, denn die Zitate aus roman-haften Quellen waren nicht zu übersehen, und doch ha-ben viele sie unseligerweise als eine wahre Geschichte ge-nommen.

Der Anfang liegt weit zurück, am Beginn des 14. Jahr-hunderts, als der französische König Philipp der Schöne den Orden der Templer zerstörte. Seit damals hat man nicht aufgehört, von einem heimlichen Weiterleben des Ordens zu fabulieren, und noch heute können Sie über die-ses Thema Dutzende von Büchern in den mit »Esoterik« oder »New Age« beschrifteten Abteilungen der Buchläden finden. Im 17. Jahrhundert kam eine andere Geschichte hinzu, die der Rosenkreuzer, einer Bruderschaft, die ih-ren ersten Auftritt auf der historischen Bühne in Gestalt der Beschreibungen hatte, welche die sogenannten Rosen-kreuzer-Manifeste von ihr gaben (die *Fama Fraternitatis* von 1614, und die *Confessio Fraternitatis Rosae-Crucis* von 1615). Der oder die Autoren dieser Manifeste blieben offizi-ell unbekannt, auch weil diejenigen, denen sie zugeschrie-ben wurden, ihre Vaterschaft leugneten. Die Manifeste rie-fen etliche Aktivitäten aufseiten derer hervor, die an die Existenz der Bruderschaft glaubten und beteuerten, ihr auf der Stelle beitreten zu wollen. Doch von einigen Andeu-tungen abgesehen behauptete niemand ernstlich, ihr anzu-gehören, denn sie war eine geheime Bruderschaft, und es war kennzeichnend für die Rosenkreuzer, dass sie behaup-teten, keine zu sein. Was umgekehrt implizierte, dass ipso facto alle diejenigen, die irgendwann später behaupteten,

Rosenkreuzer zu sein, mit Sicherheit keine waren. Infolgedessen gibt es nicht nur keine Beweise für die Existenz der Rosenkreuzer, sondern ihre Existenz ist per definitionem unmöglich, weshalb Heinrich Neuhaus, als er im Jahre 1618 die Existenz der Rosenkreuzer beweisen wollte, auf das folgende außergewöhnliche Argument rekurrieren musste: »Gerade dass sie ihre Namen wechseln und verbergen, dass sie ihr Alter verschleiern, dass sie nach eigenem Bekunden daherkommen, ohne sich kenntlich zu machen, erlaubt keinem Logiker zu verneinen, dass sie notwendig in natura existieren müssen.«[12] Dessen ungeachtet wimmelt es in den folgenden Jahrhunderten von esoterischen Gruppen, die sich in gegenseitiger Polemik als die einzigen wahren Erben der Rosenkreuzer bezeichnen und dafür unwiderlegliche Beweise zu haben behaupten, die sie jedoch niemandem zeigen können, da es sich um Geheimdokumente handelt.

In diese romanhafte Konstruktion fügt sich im 18. Jahrhundert die »Schottische« oder »Templerische« Freimaurerei ein, die ihren Ursprung nicht nur auf die Erbauer des Salomonischen Tempels zurückführt, sondern auch eine Verwandtschaft mit den Erbauern des Tempels der Templer reklamiert, deren geheimes Wissen durch Vermittlung der Rosenkreuzer auf das moderne Freimaurertum überkommen sei.

Über diese Geheimgesellschaften sowie über die Frage, ob es »Unbekannte Obere« gebe, die die Geschicke der Welt lenkten, wird dann ausgiebig am Vorabend der Französischen Revolution diskutiert. 1789 warnt ein angeblicher Marquis de Luchet, es habe sich »inmitten der dichtesten Finsternis eine Gesellschaft von neuen Wesen gebildet, die sich kennen, ohne sich je gesehen zu haben«, und: »Diese Gesellschaft übernimmt vom Jesuitenregime den blinden Gehorsam, von der Freimaurerei die Prüfungen und die äußeren Zeremonien, von den Templern die Evokationen der Untergründe und die unglaubliche Kühnheit [...].«[13]

In den Jahren 1797–98 schrieb dann, als Antwort auf die Französische Revolution, der Abbé Barruel seine *Mémoires pour servir à l'histoire du jacobinisme*, ein dem Anschein nach historisches Werk, das sich jedoch wie ein Schauerroman liest. Es beginnt natürlich mit den Templern. Nach dem Feuertod ihres Großmeisters Jacques de Molay verwandeln sie sich in eine Geheimgesellschaft mit dem Ziel, die Monarchie und das Papsttum zu stürzen und eine Weltrepublik zu errichten. Im 18. Jahrhundert bemächtigen sie sich der Freimaurerei und gründen eine Art Akademie, deren teuflische Mitglieder Voltaire, Turgot, Condorcet, Diderot und d'Alembert sind, und aus diesem Zirkel gehen die Jakobiner hervor. Doch auch die Jakobiner werden von einer noch geheimeren Gesellschaft kontrolliert, nämlich den Bayerischen Illuminaten, die Tag und Nacht nur auf Königsmord sinnen. Die Französische Revolution war das Ergebnis dieses Komplotts.

Sogar Napoleon interessierte sich für diesen Geheimbund und verlangte einen Bericht von Charles de Berkheim, der, wie es Spione und Geheimagenten zu tun pflegen, auf öffentliche Quellen zurückgriff und dem Kaiser als unerhörte Enthüllung alles das mitteilte, was dieser in den Büchern des Marquis de Luchet und des Abbé Barruel hätte lesen können. Napoleon war, wie es scheint, so beeindruckt von diesen außergewöhnlichen Beschreibungen der ungeahnten Macht eines Direktoriums Unbekannter Oberer mit der Fähigkeit, die Welt zu regieren, dass er alles Mögliche unternahm, um mit ihnen in Kontakt zu treten.

Das Buch von Barruel enthielt noch keinerlei Anspielung auf die Juden. Aber 1806 bekam Barruel einen Brief von einem gewissen Hauptmann Simonini, der ihn mit Nachdruck an die jüdische Omnipräsenz erinnerte: Auch Mani (der Begründer des Manichäismus) und der Alte vom Berge (Großmeister des Geheimordens der Assassinen und angeblich ein notorischer Alliierter der ursprünglichen Templer) seien Juden gewesen, die Freimaurerei sei von Juden gegründet worden, und sämtliche existierenden Geheimgesellschaften seien von Juden infiltriert. Es scheint, dass der Brief von Simonini in Wirklichkeit von Agenten des Polizeiministers Fouché stammte, der sich Sorgen über Napoleons Kontakte mit den französischen Juden machte.

Barruel war erschrocken über die Enthüllungen Simoninis und soll privat gesagt haben, wenn man sie veröffentliche, riskiere man ein Massaker. Dessen ungeachtet schrieb er einen Essay, in dem er Simoninis Ideen übernahm, und obwohl er den Text dann vernichtete, hatte sich das Gerücht schon verbreitet. Es produzierte jedoch keine interessanten Ergebnisse bis zur Mitte des Jahrhunderts, als die Jesuiten anfingen, sich über die antiklerikalen Väter des italienischen Risorgimento Sorgen zu machen, über Leute wie Garibaldi, die Verbindungen zu den Freimaurern hatten. Die Idee, den Geheimbund der Carbonari als Handlanger einer jüdisch-freimaurerischen Verschwörung hinzustellen, schien ihnen vielversprechend.

Zur selben Zeit versuchten jedoch die antiklerikalen Liberalen ihrerseits, die Jesuiten zu diffamieren und zu zeigen, dass sie nichts anderes täten als Komplotte gegen das Wohl der Menschheit zu schmieden. Mehr noch als durch einige »seriöse« Autoren (von Michelet und Quinet bis Garibaldi und Gioberti) wurde dieses Motiv durch einen Romanautor populär gemacht, nämlich durch Eugène Sue. In seinem Roman *Der Ewige Jude* erscheint der böse Rodin, Inbegriff der jesuitischen Weltverschwörung, unverkennbar als eine Neuauflage der Unbekannten Oberen klerikalen Gedenkens. Und er taucht von neuem in Sues letztem Roman *Die Geheimnisse des Volkes* auf, in dem der teuflische Plan der Jesuiten bis ins letzte verbrecherische Detail in einem Schreiben dargelegt wird, das Rodin (eine Romanfigur) von Jesuitengeneral Pater Roothaan (einer historischen Figur) erhält. Und hier begegnen wir schließlich auch noch einer anderen Romanperson wieder, dem edlen Rudolf von Gerolstein, dem Helden aus den *Geheimnissen von Paris* (einem echten Kultbuch, dessen Kult so

weit ging, dass Tausende von Lesern Briefe an die Roman-
figuren schrieben). Rudolf gelangt in den Besitz des Schrei-
bens von Pater Roothaan und enthüllt seinen Inhalt den
anderen glühenden Demokraten: »Sehen Sie nur, lieber
Lebrenn, wie schlau dieser höllische Plan erdacht worden
ist, welch furchtbare Leiden, welch grauenhafte Beherr-
schung, welch schrecklichen Despotismus er für Europa
und die Welt bereithält, falls er je gelingen sollte […].«

1864, als Sues Romane erschienen sind, schreibt ein gewisser Maurice Joly eine liberal inspirierte Satire gegen
Napoleon III., worin Machiavelli, der den Zynismus des
Diktators repräsentiert, in der Hölle mit Montesquieu de-
battiert. Dabei legt der Autor das von Sue beschriebene
Jesuitenkomplott (mitsamt der klassischen Formel »Der
Zweck heiligt die Mittel«) fast wörtlich seinem Machiavelli – also Napoleon III. – in den Mund. Ich habe mindestens sieben Seiten wenn nicht regelrechten Plagiats, so
doch ausgiebiger und nicht gekennzeichneter Zitate gefunden. Joly wird verhaftet, sitzt fünfzehn Monate im Gefängnis und begeht schließlich Selbstmord. Exit Joly, aber
wir werden ihm gleich wiederbegegnen.

1868 veröffentlicht Hermann Goedsche, ein deutscher
Postbeamter, der bereits andere offenkundig verleumde-
rische Broschüren geschrieben hatte, unter dem Pseudonym »Sir John Retcliffe« einen Schauerroman mit dem
Titel *Biarritz*, in dem eine okkulte Zeremonie auf dem Prager Judenfriedhof beschrieben wird. Goedsche hatte einfach eine Szene aus Dumas' 1849 veröffentlichtem Roman

Joseph Balsamo kopiert, in der jenes Treffen zwischen Cagliostro als Chef der Unbekannten Oberen und anderen Erleuchteten geschildert wird, bei dem dann alle das Komplott mit dem Halsband der Königin planen. Doch anstelle von Cagliostro und Co. lässt Goedsche die Vertreter der zwölf Stämme Israels auftreten, die sich auf dem Prager Friedhof versammeln, um die Eroberung der Welt vorzubereiten, wie der Großrabbiner ohne Umschweife enthüllt. Acht Jahre später, 1876, steht dieselbe Geschichte in einer russischen Hetzschrift namens *Die Juden, Herren der Welt*, aber nun so, als wäre sie wirklich geschehen. 1881 bringt sie auch die französische Zeitung *Le Contemporain*, die behauptet, sie aus sicherer Quelle zu haben, nämlich von dem englischen Diplomaten Sir John Readcliff. 1896 wird die Rede des Großrabbiners (der jetzt John Readclif heißt) erneut in dem Buch *Les Juifs, nos contemporains* von François Bournand abgedruckt. Und von nun an wird das von Dumas erfundene Freimaurertreffen, verschmolzen mit dem von Sue erfundenen Weltverschwörungsplan der Jesuiten, den Joly dann Napoleon III. in den Mund gelegt hat, zur »wahren« Rede des Großrabbiners und erscheint in diversen Formen an verschiedenen Orten.

Aber damit ist die Geschichte noch nicht zu Ende. Um die Jahrhundertwende tritt eine Figur auf den Plan, die keine Romanfigur ist, aber eine zu sein verdiente: Pjotr Iwanowitsch Ratschkowski, ein Russe, der Probleme mit der zaristischen Polizei gehabt hatte, weil er mit linksextremen Gruppen verkehrt haben sollte, dann Polizeispitzel geworden war, sich der rechtsextremen Terrororganisation »Schwarze Hundertschaften« genähert hatte und schließlich zum in Paris residierenden Auslandschef der zaristischen Geheimpolizei, der gefürchteten Ochrana ernannt worden war. Dieser Ratschkowski nun lässt, um seinem Beschützer, dem Minister Sergej Witte, gegen einen politischen Widersacher namens Ilja Zion oder Elie de Cyon zu helfen, dessen Landhaus am Genfer See durchsuchen und findet darin einen Text, in dem Cyon das Pamphlet von Joly gegen Napoleon III. abgeschrieben, aber die Ideen Machiavellis nun Witte untergeschoben hat. Ratschkowski, der wie alle Angehörigen der Schwarzen Hundertschaften ein glühender Antisemit ist – und vergessen wir nicht, das alles geschah zur Zeit der Affäre Dreyfus –, hat sofort die Idee, diesen Text zu nehmen, jeden Hinweis auf Witte zu streichen und die ihm untergeschobenen Weltverschwörungsideen den Juden unterzuschieben. Der Name Cyon erinnert, zumal in seiner russischen Form, an Zion, und durch die Idee, die Enthüllung eines jüdischen Komplotts einem Juden zuzuschreiben, wird die Glaubwürdigkeit der Operation noch erhöht.

Dieser von Ratschkowski hergerichtete Text war vermutlich die erste Quelle der berüchtigten *Protokolle der Weisen von Zion*. Dass diese »Protokolle« fiktiv waren, lag auf der Hand, da es außer in einem Roman von Sue wenig glaubhaft ist, dass die »Bösen« ihre ruchlosen Pläne so offen und schamlos ausbreiten. Erklären die »Weisen von Zion« doch unverhüllt, sie hätten »einen grenzenlosen

Ehrgeiz, eine verzehrende Habgier, einen erbarmungslosen Rachedurst und einen glühenden Hass«.[14] Doch wie im Falle des *Hamlet* nach der Auffassung Eliots lässt die Unterschiedlichkeit der romanhaften Quellen diesen Text eher inkongruent erscheinen.

Die »Weisen« wollen die Pressefreiheit abschaffen, aber sie ermuntern das Freidenkertum. Sie kritisieren den Liberalismus, unterstützen jedoch den Gedanken der multinationalen Konzerne. Sie propagieren die Revolution in allen Ländern, aber um zur Rebellion anzustacheln, wollen sie die Ungleichheit verschärfen. Sie sind für den Bau von U-Bahnen, um die Großstädte unterminieren zu können. Sie erklären, der Zweck heilige die Mittel, und schüren den Antisemitismus, um einerseits die mittellosen Juden unter ihre Kontrolle zu bringen und andererseits in den Nichtjuden Mitleid über das jüdische Unglück zu wecken. Sie wollen das Studium der Klassiker und der antiken Geschichte abschaffen, sie wollen den Sport und die visuelle Kommunikation fördern, um die Arbeiterklasse zu verdummen, und so weiter.

Viele haben bemerkt, dass es leicht war, in den »Protokollen« einen Text zu erkennen, der im Frankreich des Fin de Siècle entstanden sein musste, denn es wimmelt darin von Bezugnahmen auf Probleme der französischen Gesellschaft jener Zeit (zum Beispiel auf den Skandal um den Panamakanal oder auf damals von der konservativen Presse geschürte Gerüchte über eine angebliche Dominanz von jüdischen Aktionären in der Pariser Metro-AG). Aber es war auch leicht, unter den Quellen viele sehr populäre Romane zu erkennen. Unglücklicherweise war jedoch die Geschichte – auch hier wieder – erzählerisch so überzeugend, dass es den Leuten nicht schwerfiel, sie ernst zu nehmen.

Der Rest dieser Geschichte ist Geschichte. Ein wandernder russischer Mönch namens Sergej Nilus – eine Figur auf halbem Weg zwischen Intrigant und Prophet –, der »rasputinsche« Ambitionen hatte (er wollte Beichtvater des Zaren werden) und von der fixen Idee des Antichrist besessen war, veröffentlichte und kommentierte die »Protokolle«. Wonach sie durch Europa wanderten, bis sie in die Hände von Adolf Hitler fielen … Die Folgen sind bekannt.[15]

Hatte wirklich niemand gemerkt, dass diese Collage unterschiedlicher Texte (die ich in der Abbildung rekonstruiere) nichts als eine Fiktion war? Doch, 1921 hatte die Londoner *Times* das Pamphlet von Maurice Joly entdeckt und es als die Quelle der »Protokolle« angegeben. Doch die Evidenz der Fakten genügt nicht, wenn die Leute um jeden Preis einen Horrorroman haben wollen. Die Engländerin Nesta Webster, die ihr Leben damit verbrachte, die Story von den Unbekannten Oberen und der jüdischen Weltverschwörung zu untermauern, schrieb 1924 ein Buch mit dem Titel *Secret Societies and Subversive Movements*. Sie zeigte sich wohlinformiert, kannte die Enthüllungen der *Times* wie auch die ganze Geschichte von Nilus, Ratschkowski, Goedsche und so weiter (bis auf die Zusammen-

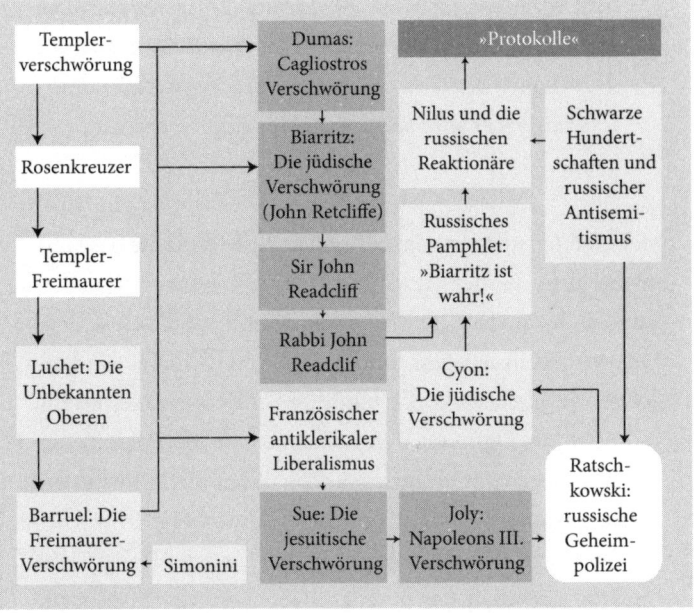

hänge mit Dumas und Sue, die, glaube ich, eine Entdeckung von mir sind), und dennoch zog sie folgenden Schluss:

Die einzige Meinung, für die ich mich engagieren kann, ist, dass die Protokolle, seien sie echt oder nicht, das Programm einer Weltrevolution darstellen und dass sie, bedenkt man ihre prophetische Natur und ihre außergewöhnliche Ähnlichkeit mit den Programmen anderer Geheimgesellschaften der Vergangen-

heit, entweder das Werk irgendeiner Geheimgesell-
schaft sind oder von jemandem stammen, der die
Traditionen der Geheimgesellschaften bestens kannte
und fähig war, ihre Ideen und ihren Stil zu reprodu-
zieren.[16]

Der Syllogismus ist makellos: »Da die Protokolle besagen, was ich in meiner Geschichte gesagt habe, bestätigen sie sie.« Oder auch: »Die Protokolle bestätigen die Geschichte, die ich ihnen entnommen habe, und daher sind sie echt.« In gleicher Weise bestätigt Rudolf von Gerolstein, wenn er als Figur aus den *Geheimnissen von Paris* in den *Geheimnissen des Volkes* auftaucht, durch die Autorität des ersten Romans die Glaubwürdigkeit des zweiten.

Wie begegnen wir solchen Einbrüchen des Romans ins Leben, nachdem wir gesehen haben, welche historische Tragweite das Phänomen haben kann? Ich bin nicht hier, um Ihnen meine kleinen Streifzüge durch den Wald der Fiktionen als Heilmittel gegen die großen Tragödien unserer Zeit anzubieten. Gleichwohl haben wir gerade bei Streifzügen durch die Welt des Erzählens auch die Mechanismen verstehen können, die den Einbruch der Fiktion ins Leben ermöglichen – der manchmal harmlos und vergnüglich ist, wie wenn man in die Baker Street pilgert, und der in anderen Fällen das Leben nicht in einen Traum, sondern in einen Alptraum verwandelt. Das Nachdenken über die komplexen Beziehungen zwischen Leser und Geschichte, Fiktion und Realität kann eine Form der Therapie sein gegen den Schlaf der Vernunft, der Ungeheuer gebiert.

In jedem Fall werden wir nicht darauf verzichten, literarische Fiktionen zu lesen, denn sie sind es, in denen wir nach einer Formel suchen, die unserem Leben einen Sinn gibt. Im Grunde suchen wir unser Leben lang nach einer Geschichte unseres Ursprungs, die uns sagt, warum wir geboren sind und warum wir leben. Manchmal suchen wir nach einer kosmischen Geschichte, der Geschichte des Universums, manchmal nach unserer persönlichen Geschichte (die wir unserem Beichtvater oder unserem Analytiker erzählen oder einem Tagebuch anvertrauen). Manchmal hoffen wir, unsere persönliche Geschichte mit der des Universums in eins zu bringen.

IMAGINÄRE ASTRONOMIEN

Zunächst möchte ich klarstellen, dass ich mich hier, wo es um Geographie und Astronomie gehen soll, nicht mit Astrologie beschäftigen werde. Zwar hat sich die Geschichte der Astrologie ständig mit jener der Astronomie überschnitten, aber die imaginären Astronomien und Geographien, von denen ich sprechen will, werden inzwischen allgemein als imaginär oder falsch anerkannt, während es noch heute Geschäftsleute und Staatsoberhäupter gibt, die sich an Astrologen wenden, um zu wissen, wie sie sich verhalten sollen. Daher ist Astrologie keine Wissenschaft, ob eine exakte oder irrige, sondern eine Religion (oder ein Aberglaube – und Aberglauben sind immer die Religionen der anderen), und als solche kann sie weder als wahr noch als falsch bewiesen werden. Sie ist nur eine Glaubensfrage, und in Glaubensfragen mischt man sich besser nicht ein, sei's auch nur aus Respekt vor denen, die glauben.

Die imaginären Geographien und Astronomien, von denen ich sprechen werde, sind von Leuten praktiziert worden, die den Himmel und die Erde redlich erforschten, so wie sie sie sahen – und auch wenn sie irrten, kann man nicht behaupten, dass sie unredlich waren. Wer sich dagegen heute noch mit Astrologie beschäftigt, weiß sehr wohl, dass er sich auf ein anderes Himmelsgewölbe bezieht als das, welches die Astronomie inzwischen erforscht und definiert hat, und doch verhält er sich ungeniert so, als wäre sein Bild des Himmels das wahre. Angesichts dieser Unredlichkeit der Astrologen fällt es schwer, ihnen mit Sympathie zu begegnen. Sie sind keine Leute, die sich getäuscht haben, sie täuschen die anderen. So viel zu diesem Thema.

Als Kind träumte ich oft über Atlanten. Ich stellte mir Reisen und Abenteuer in fremden Ländern vor, oder ich versetzte mich in die Rolle eines persischen Eroberers, der in die zentralasiatischen Steppen vordrang, um von dort zu den Küsten des Sunda-Archipels zu gelangen und ein Reich zu gründen, das von Ekbatana bis zur Insel Sachalin reichte. Vielleicht ist dies der Grund, warum ich dann als Erwachsener beschloss, all jene Orte zu besuchen, deren Namen einst meine Phantasie beflügelten, wie Samarkand oder Timbuktu, Fort Alamo oder Amazonien, und mir fehlen nur noch Casablanca und Mompracem.[1]

Schwieriger waren meine Ausflüge in die Astronomie, die immer nur durch einen Mittelsmann stattfanden. In den siebziger und achtziger Jahren beherbergte ich in meinem Landhaus einen Freund, einen Emigranten aus der Tschechoslowakei, der sich Teleskope bastelte, um nachts auf der Dachterrasse den Himmel zu beobachten, und wenn er etwas Interessantes entdeckt hatte, rief er mich herbei. Ich sonnte mich in dem Gedanken, dass nur ich und Kaiser Rudolf II. in Prag das Privileg hatten, dauerhaft

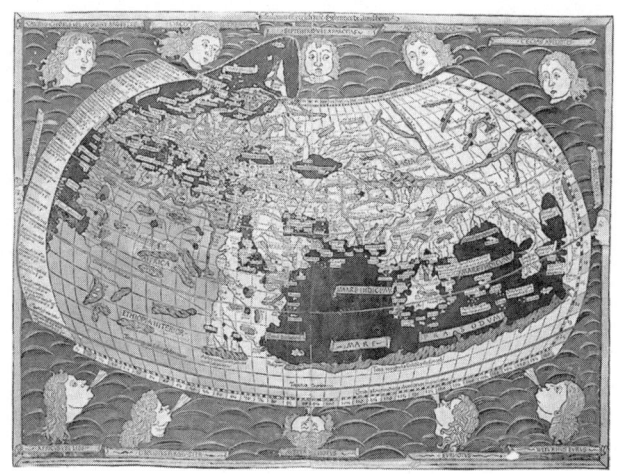

einen böhmischen Astronomen auf dem Dach zu haben, aber dann fiel die Berliner Mauer, und mein böhmischer Astronom kehrte nach Böhmen zurück.

Ich tröstete mich mit meiner Sammlung antiquarischer Bücher, die ich *Bibliotheca semiologica curiosa, lunatica, magica et pneumatica* nenne und die nur Bücher über Falsches enthält. In dieser Sammlung gibt es die Werke von Ptolemäus, aber nicht die von Galilei, und wenn ich als Kind meine imaginären Reisen über dem Schulatlas von De Agostini träumte, bevorzuge ich heute dafür ptolemäische Weltkarten (siehe oben).

Ist dies eine imaginäre Darstellung der damals bekannten Welt? Wir müssen verschiedene Bedeutungen des Wortes »imaginär« unterscheiden. Es gibt Astronomien, die

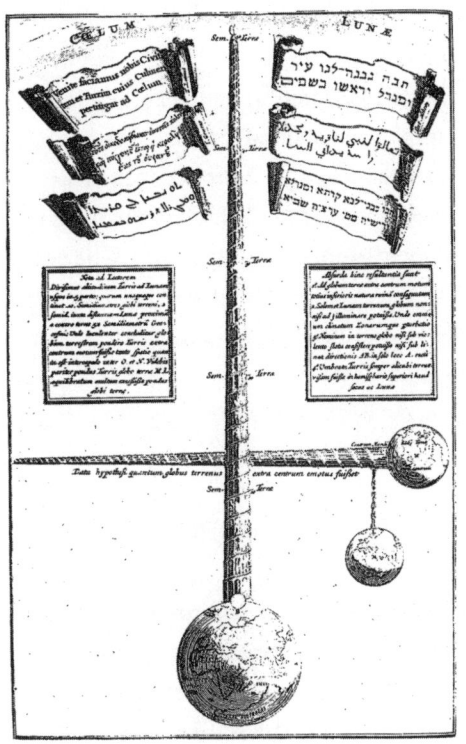

sich eine Welt vorgestellt haben, indem sie sich auf pure Spekulation und mystische Eingebungen gründeten, nicht um zu erklären, wie der sichtbare Kosmos beschaffen ist, sondern welche unsichtbaren und spirituellen Kräfte ihn durchziehen, und es gibt Astronomien, die, obwohl auf Beobachtung und Erfahrung gegründet, sich Erklärungen vorgestellt haben, die wir heute als falsch betrachten. Man braucht sich nur anzusehen, wie Athanasius Kircher in seinem *Mundus subterraneus* von 1665 die Sonnenflecken erklärt, nämlich als Dampffontänen auf der Oberfläche des Sterns. Einfältig, aber einfallsreich. Und um bei Kircher zu bleiben, auf der vorherigen Seite ist zu sehen, wie er in seiner *Turris Babel* von 1679 physikalische Prinzipien und mathematische Berechnungen anwandte, um zu beweisen, dass es unmöglich war, den Turm zu Babel bis in den Himmel zu bauen, denn wenn er eine bestimmte Höhe überschritten und das gleiche Gewicht wie der Erdball selbst erreicht hätte, würde er die Erdachse um neunzig Grad kippen lassen.

DIE FORM DER ERDE

Anaximenes sprach im 6. Jahrhundert v. Chr. von einer rechteckigen Erde, bestehend aus Erde und Wasser und eingefasst vom Ozean, die auf einer Art Luftkissen schwamm.

Für die Menschen in der Antike war die Annahme, dass die Erde flach sei, einigermaßen realistisch. Für Homer war sie eine Scheibe, umgeben vom Ozean und überdacht vom Himmelsgewölbe, und eine flache Scheibe war sie auch für Thales und Hekataios von Milet. Zu denken, dass sie eine Kugel sei, wie Pythagoras es aus mystisch-mathematischen Gründen tat, war eher unrealistisch. Die Pythagoräer hatten ein komplexes Planetensystem entwickelt, in dem die Erde nicht im Mittelpunkt des Universums stand, sondern an der Peripherie wie auch die Sonne, und alle kugelförmigen Planeten um ein zentrales Feuer rotierten. Dabei erzeugte jede Kugel durch ihr Rotieren einen bestimmten Ton der Tonleiter, und um eine genaue Entsprechung zwischen klanglichen und astronomischen Phänomenen zu erreichen, hatten sie sogar einen inexistenten Planeten eingeführt, die Anti-Erde. In ihrem mathematisch-musikalischen Furor (und ihrer Verachtung für die Sinneserfahrung) hatten die Pythagoräer nicht bedacht, dass, wenn jeder Planet einen Ton der Leiter erzeugt, ihre »Sphärenmusik« eine fürchterliche Dissonanz ergeben müsste, wie wenn eine Katze plötzlich auf die Tasten eines Klaviers springt. Dennoch finden wir diesen Gedanken mehr als tausend Jahre später bei Boethius wieder – und vergessen wir nicht, dass Kopernikus auch von mathematisch-ästhetischen Prinzipien inspiriert war.

Auf empirischen Beobachtungen beruhten dagegen die sukzessiven Beweisführungen für die Kugelgestalt der Erde. Dass die Erde rund ist, wusste natürlich schon Ptolemäus, sonst hätte er sie nicht in dreihundertsechzig Längengrade einteilen können, aber das hatten auch schon Parmenides, Eudoxos, Platon, Aristoteles, Euklid und Archimedes begriffen. Und das wusste auch Eratosthenes, der im 3. Jahrhundert v. Chr. die Länge des Äquators annähernd richtig berechnet hatte, indem er um zwölf Uhr mittags am Tag der Sommersonnwende den Neigungswinkel der Sonne maß, wenn sie sich auf dem Wasser in der Tiefe von Brunnen in Alexandria und in Syene, dem heutigen Assuan, spiegelte.

Doch zur flachen Erde muss hier noch angefügt werden, dass es nicht nur eine Geschichte der imaginären Astronomie gibt, sondern auch eine imaginäre Geschichte der Astronomie, die noch heute in vielen wissenschaftlichen Kreisen überlebt, zu schweigen von den gewöhnlichen Meinungen.

Machen wir einmal ein Experiment und fragen eine normale Person, ruhig auch eine gebildete, was ihrer Meinung nach Christoph Kolumbus beweisen wollte, als er auszog, »den Osten über den Westen zu erreichen«, wie er sagte, und warum die Gelehrten von Salamanca ihn so hartnäckig daran hindern wollten. In den meisten Fällen wird die Antwort sein, dass Kolumbus die Erde für rund hielt, während die Gelehrten von Salamanca glaubten, sie sei eine Scheibe und nach kurzer Fahrt würden die drei Karavellen in den kosmischen Abgrund stürzen.

Das laizistische Denken der Aufklärung hat, erbost über die Weigerung der Kirche, die heliozentrische Hypothese zu akzeptieren, dem ganzen christlichen Denken des Mittelalters (dem patristischen wie dem scholastischen) die Vorstellung von der Erde als flacher Scheibe zugeschrieben. Während des Kampfes der Verfechter der darwinschen Hypothese gegen jede Art von Fundamentalismus hat sich dieser Gedanke dann noch verfestigt. Ging es doch darum, zu beweisen, dass die Kirchen, so wie sie sich über die Form der Erde getäuscht hatten, sich auch über den Ursprung der menschlichen Gattung täuschen konnten. Dazu machte man sich den Umstand zunutze, dass ein christ-

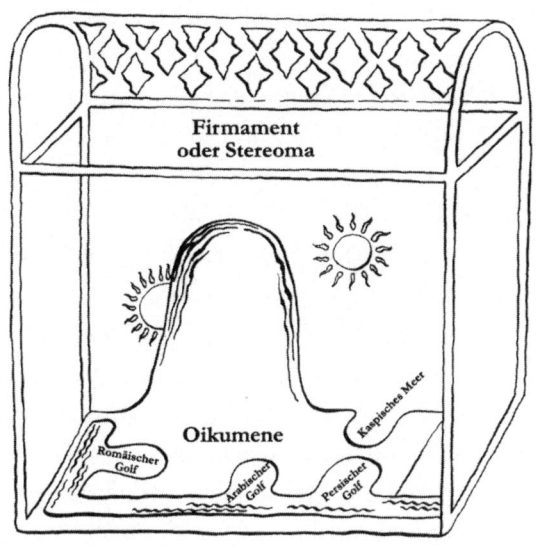

Firmament
oder Stereoma

Oikumene

Romäischer
Golf

Arabischer
Golf

Persischer
Golf

Kaspisches Meer

licher Autor des 4. Jahrhunderts wie Lactantius (in seinen *Divinae institutiones*) zur Rechtfertigung der zahlreichen Bibelstellen, in denen das Universum in Form eines Tabernakels beschrieben wird, also als rechteckiges Gebilde, sich gegen die heidnischen Theorien von der kugelförmigen Erde stellte, auch weil er die Vorstellung nicht akzeptieren konnte, dass es Antipoden gebe, wo die Menschen kopfunten gehen müssten …

Im Übrigen war entdeckt worden, dass ein byzantinischer Geograph des 6. Jahrhunderts namens Kosmas Indikopleustes in seiner *Topographia Christiana* die Ansicht vertreten hatte, das Universum sei ein rechteckiges Gebilde mit einem Bogen, der sich über dem flachen Erdboden wölbte – also wieder das biblische Tabernakel.

Das halbrunde Deckengewölbe bleibt unseren Augen durch das *Stereoma* verborgen, den Schleier des Firmaments. Darunter erstreckt sich die *Oikumene*, die bewohnte Welt, die auf dem *Okeanos* ruht und über einen unmerklich und kontinuierlich ansteigenden Hang nach Nordwesten aufsteigt, wo sich ein so hohes Gebirge erhebt, dass sein Vorhandensein unseren Augen entgeht und sein Gipfel mit den Wolken verschmilzt. Die Sonne, die von Engeln bewegt wird – denen wir auch den Regen, die Erdbeben und alle anderen atmosphärischen Phänomene verdanken –, zieht morgens von Osten nach Süden vor dem Berg vorbei, sodass sie die Erde erhellt, und verschwindet abends im Westen hinter dem Berg. Den umgekehrten Lauf vollziehen der Mond und die Sterne.

Kosmas zeigt auch die Erde, wie sie von oben aussieht. Außen ist der Rahmen des Okeanos, jenseits davon sind Länder, in denen Noah vor der Sintflut lebte. Ganz im Osten dieser Länder, getrennt vom Okeanos durch Regionen, die von allerlei Monsterwesen bewohnt sind, liegt das Irdische Paradies. In ihm entspringen die Flüsse Euphrat, Tigris und Ganges, durchqueren den Okeanos und ergießen sich in den Persischen Golf, während der Nil einen weiten Umweg durch die vorsintflutlichen Länder macht, dann den Okeanos durchquert, durch die Unteren Südregionen fließt, genauer gesagt durch Ägypten, und sich in den Romäischen Golf ergießt, das heißt ins Mittelmeer.

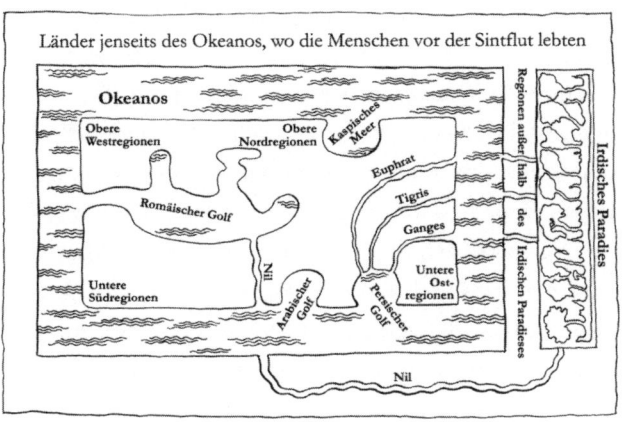

Länder jenseits des Okeanos, wo die Menschen vor der Sintflut lebten

Okeanos

Obere Westregionen

Obere Nordregionen

Kaspisches Meer

Euphrat

Tigris

Ganges

Romäischer Golf

Untere Südregionen

Nil

Arabischer Golf

Persischer Golf

Untere Ostregionen

Regionen außerhalb des Irdischen Paradieses

Irdisches Paradies

Nil

Wie Jeffrey Burton Russell in seinem Buch *Inventing the Flat Earth*[2] gezeigt hat, versichern viele angesehene Bücher zur Geschichte der Astronomie, die noch heute in Schulen verwendet werden, dass Kosmas' Theorie während des ganzen Mittelalters die vorherrschende Meinung gewesen sei, dass die mittelalterliche Kirche gelehrt habe, die Erde sei eine Scheibe mit Jerusalem in der Mitte, und dass selbst die Werke des Ptolemäus im Mittelalter unbekannt gewesen seien. In Wirklichkeit wurde der Text des Kosmas, der auf Griechisch verfasst war, also in einer Sprache, die das lateinische Mittelalter vergessen hatte, der westlichen Welt erst 1706 bekannt und erst 1897 auf Englisch veröffentlicht. Kein mittelalterlicher Autor hat ihn gekannt.

Auch ein Schüler der ersten Gymnasialklasse kann leicht folgern, dass Dante, wenn er in den Trichter der Hölle hinabsteigt und auf der anderen Seite zu Füßen des Läuterungsberges herauskommt, wo er unbekannte Sterne am Himmel sieht, sehr genau gewusst haben muss, dass die Erde rund ist. Aber derselben Ansicht waren auch Origenes und Ambrosius, Albertus Magnus und Thomas von Aquin, Roger Bacon und Johannes von Sacrobosco, um nur einige zu nennen. Bei dem Streit mit Kolumbus ging es einfach darum, dass die Gelehrten von Salamanca genauere Berechnungen als er angestellt hatten und der Meinung waren, die Erde (die auch für sie kugelrund war) sei sehr viel größer, als der Genuese glaubte, weshalb es unsinnig sei, sie umsegeln zu wollen. Kolumbus dagegen, ein guter Seemann, aber ein miserabler Astronom, hielt die Erde für kleiner, als sie war. Natürlich hatten weder er noch die Gelehrten von Salamanca gedacht, dass zwischen Europa und Asien ein weiterer Kontinent lag. Obwohl sie recht hatten, hatten die Gelehrten von Salamanca unrecht, und Kolumbus, der unrecht hatte, hat seinen Irrtum hartnäckig verfolgt und am Ende recht behalten – durch einen Glücksfall, ein Musterbeispiel an *serendipity*.

Wie konnte sich die Vorstellung verbreiten, das Mittelalter habe die Erde als eine flache Scheibe betrachtet? Im 7. Jahrhundert berechnete Isidor von Sevilla (der kein Musterknabe in puncto wissenschaftlicher Akribie war) die Länge des Äquators mit achtzigtausend Stadien. Aber gerade in Isidors Manuskripten taucht ein Diagramm auf, das viele Darstellungen unseres Planeten inspiriert hat, die sogenannte T-Karte.

Der obere Halbkreis stellt Asien dar, mit dem Osten oben, denn im Osten Asiens lag der Legende nach das Irdische Paradies. Der horizontale Balken stellt links das Schwarze Meer und rechts den Nil dar, der vertikale das Mittelmeer, weshalb das linke Viertel Europa und das rechte Afrika zeigt. Rings um das Ganze legt sich der große Kreis des *Mare Oceanum*.

Den Eindruck, dass die Erde als Kreis gesehen worden sei, machen die Weltkarten in den Apokalypsen-Kommentaren des Beatus von Liébana, einem im 8. Jahrhundert verfassten Text, der jedoch in den folgenden Jahrhunderten, illustriert von mozarabischen Miniaturenmalern, großen Einfluss auf die Kunst der romanischen Abteien und der gotischen Kathedralen hatte, und T-Karten finden sich auch in zahllosen anderen illuminierten Handschriften.

Wie war es möglich, dass Leute, welche die Erde für eine Kugel hielten, Karten zeichneten, auf denen eine flache Erde zu sehen war? Die erste Erklärung ist, dass auch wir nichts anderes tun. Wer die Flachheit jener Karten kritisiert, könnte ebenso gut die Flachheit unserer heutigen Weltatlanten kritisieren. Es handelte sich um eine naive und konventionelle kartographische Projektion.

Man könnte einwenden, in denselben Jahrhunderten hätten die Araber wahrheitsgemäßere Karten produziert, auch wenn sie oft die hässliche Gewohnheit hatten, den Norden unten und den Süden oben darzustellen. Aber wir müssen auch noch andere Elemente bedenken. Das erste legt uns Augustinus nahe, dem die von Lactantius eröffnete Debatte über die Form des Kosmos als Tabernakel wohlbekannt war, der aber auch die Meinungen der antiken Philosophen über die Kugelgestalt der Erde kannte. Er kam zu dem Schluss, dass man sich nicht von der Beschreibung des biblischen Tabernakels beeindrucken lassen solle, denn bekanntlich spreche die Heilige Schrift oft durch Metaphern, und vielleicht sei die Erde ja eine Kugel. Da aber das Wissen um die Form der Erde nichts zur Rettung der Seele beitrage, könne man die Frage vernachlässigen.

Das soll nicht heißen, dass es, wie oft behauptet wird, keine mittelalterliche Astronomie gegeben habe. Wir brauchen nur an die Legende von Gerbert von Aurillac zu denken, dem Papst Silvester II. im 10. Jahrhundert, der eine seltene Handschrift der *Pharsalia* von Lucan erwerben wollte und dafür mit einer Armillarsphäre zu bezahlen versprach. Da er jedoch nicht wusste, dass die *Pharsalia* wegen Lucans plötzlichem Tod unvollendet geblieben war, rückte er, als ihm eine unvollständige Handschrift gebracht wurde, nur eine halbe Armillarsphäre heraus. Die Legende zeugt einerseits von der hohen Wertschätzung des Mittelalters für die antike Kultur, andererseits aber auch von seinem Interesse an der Astronomie. Im 12. und 13. Jahrhundert wurden der *Almagest* von Ptolemäus und das *De caelo* von Aristoteles übersetzt. Eines der vier Fächer des in mittelalterlichen Schulen unterrichteten Quadriviums war bekanntlich die Astronomie, und seit der ersten Hälfte des 13. Jahrhunderts war der *Tractatus de Sphaera* von Johannes de Sacrobosco, der sich auf Ptolemäus berief, jahrhundertelang eine unbestrittene Autorität.

Gleichwohl stimmt es auch, dass die geographischen und astronomischen Begriffe noch lange unkritisch von Autoren wie Plinius und Solinus übernommen wurden, deren Aufmerksamkeit für astronomische Fragen gewiss nicht besonders groß war. Die ptolemäische Sicht des Kosmos war, auch wenn man sie nur aus zweiter Hand kannte, die theologisch akzeptabelste. Wie Aristoteles gelehrt hatte, musste jedes Element der Welt sich an seinem natürlichen Ort befinden, von dem es nur gewaltsam und nicht auf natürlichem Wege entfernt werden konnte. Der natürliche Ort des Elements Erde war der Mittelpunkt der Welt, während Wasser und Luft eine intermediäre Position einnehmen mussten und das Feuer sich am Rande befand. Es war dies eine vernünftige und beruhigende Sicht, denn immerhin konnte Dante auf diesem Weltbild seine Reise durch die drei Jenseitsreiche konzipieren. Und wenn diese Darstellung auch nicht allen himmlischen Phänomenen Rechnung trug, so hatte doch Ptolemäus selbst sich bemüht, Präzisierungen und Korrekturen anzubringen, wie die Theorie der Epizyklen und Deferenten, auf deren Basis man annahm, um astronomische Erscheinungen wie die Beschleunigung, den Stillstand, die scheinbare Rücklaufbewegung und die wechselnden Abstände der Planeten zu erklären, dass jeder Planet sich auf einer größeren Kreisbahn, dem Deferenten, um die Erde drehe, aber gleichzeitig auch auf einer kleineren, dem Epizyklus, um einen Punkt C des eigenen Deferenten.

Schließlich müssen wir auch bedenken, dass das Mittelalter eine Zeit großer Reisen war, doch wegen der schlechten Straßen, der dichten Wälder und der auf schwankenden Booten zu überwindenden Meeresarme war es nicht möglich, genaue Karten zu zeichnen. Sie waren bloß ungefähre Anhaltspunkte, wie die Wegbeschreibungen der Pilgerführer nach Santiago de Compostella, und sie besagten so viel wie: »Wenn du von Rom nach Jerusalem willst, halte dich in südöstlicher Richtung und frage dich durch.« Denken wir an die Karten der Bahnlinien, die wir in unseren heutigen Eisenbahnfahrplänen finden.

Niemand könnte aus solch einer Reihe von Knotenpunkten, die an sich sehr klar ist, wenn man zum Beispiel

von Mailand nach Livorno will (und erfährt, dass man über Genua muss), exakte Auskünfte über die Form Italiens ableiten. Die exakte Form Italiens interessiert nicht, wenn man zum Bahnhof muss. Die Römer hatten zahlreiche Straßen gebaut, die alle Städte der bekannten Welt miteinander verbanden, aber dargestellt wurden diese Straßen auf jener Karte, die man nach dem Namen ihres Finders im 16. Jahrhundert die Peutingeriana nennt (siehe S. 86/87). Darauf sind sehr gewissenhaft alle Straßen des Römischen Reiches verzeichnet, aber schematisch zusammengedrängt in zwei langgezogenen Streifen, einem oberen, der Europa darstellen soll, und einem unteren für Afrika, und das dazwischenliegende Mittelmeer erscheint wie ein schmales Flüsschen.

Tabula quae dicitur Peutingeriana. Recognovit Conrad Miller. 1888 SEGMENTUM II

II.   1.   2.   3.

Caster	Richborough		Leyden	Vorburg		Theruan		Rouen	
	Shape	Dover		Coutances		Vieux		Evreux	
...bana		Canterbury			Castel Rennes		Jublains		Amiens
London		Polkstone				Vannet		Angers	Le Mans
Joniton		Exeter							

	Bordeaux	Lugdunum	Saintes					Limoges	Poitiers
		St. Bertrand		Toulouse	Perigueux	Agen		Cahors	Rodez
		Aquae Convenarum						Caba Crens	
...ale		Bagnères de Bigorre			Dellys			Setif	

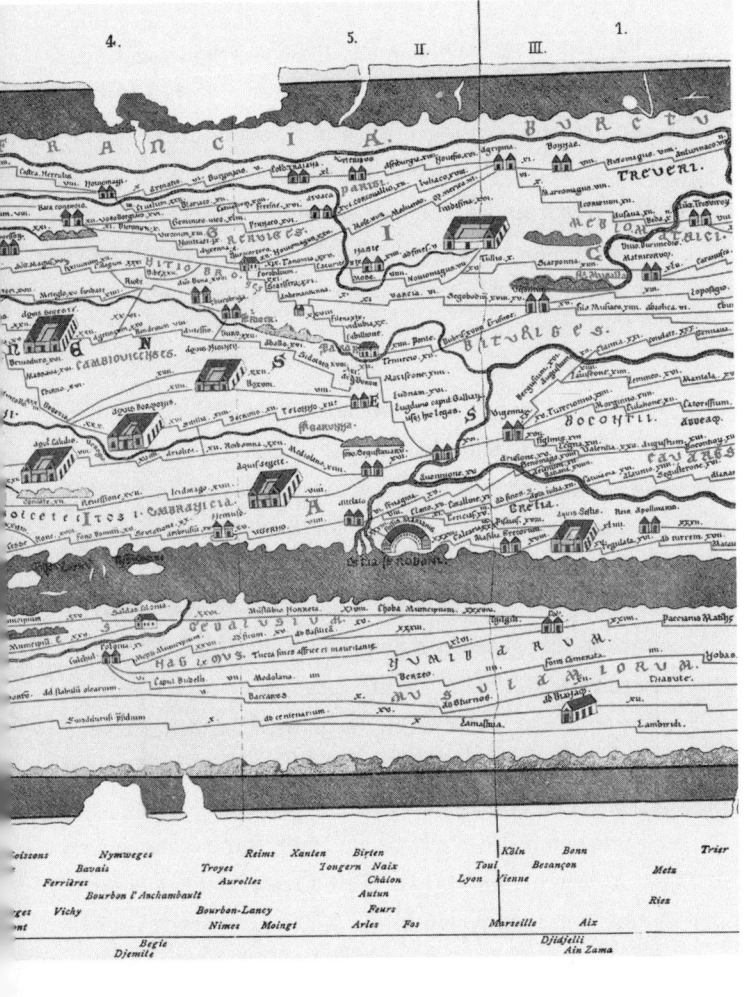

Wir haben es mit dem gleichen Sachverhalt wie bei der Fahrplankarte zu tun. Nicht die Form der Kontinente interessiert, sondern allein die Information, dass eine bestimmte, so und so lange Straße von Marseille nach Genua führt. Dabei sind die Römer seit den Punischen Kriegen kreuz und quer übers Mittelmeer gefahren und wussten sehr wohl, dass es nicht jenes Rinnsal war, welches man auf der Karte sieht.

Im Übrigen waren die mittelalterlichen Reisen oft imaginär. Das Mittelalter hat Enzyklopädien hervorgebracht, sogenannte *Imagines Mundi*, die vor allem den Geschmack am Wunderbaren befriedigen sollten, indem sie von fernen, unerreichbaren Ländern erzählten, aber verfasst waren all diese Bücher von Leuten, die die Orte, von denen sie sprachen, nie gesehen hatten, denn die Kraft der Überlieferung zählte mehr als die Erfahrung. Eine Weltkarte sollte gar nicht die Form der Erde wiedergeben, sondern die Städte aufzählen und die Völker benennen, denen man dort begegnen konnte.

Zudem war die symbolische Darstellung wichtiger als die empirische, und oft lag dem Kartographen viel mehr daran, Jerusalem genau in der Mitte der Karte zu zeichnen, als anzugeben, wie man nach Jerusalem gelangte. Dies alles, während andere Karten derselben Zeit den Mittelmeerraum schon recht gut darzustellen verstanden.

Schließlich, als letzte Überlegung, die mittelalterlichen Karten hatten keine wissenschaftliche Funktion, sondern bedienten den Wunsch des Publikums nach Fabelhaftem, so ähnlich, wie wenn uns heute bunte Hochglanzmagazine die Existenz von fliegenden Untertassen beweisen und im Fernsehen erzählt wird, dass die Pyramiden von einer außerirdischen Zivilisation erbaut worden seien. Man suchte den Himmel mit bloßem Auge ab, um Kometen zu sehen, aus denen dann die Phantasie sofort etwas machte, was (heute) die Existenz von UFOs bestätigen würde. Auf vielen Karten des 15. und 16. Jahrhunderts, die bereits kartographisch akzeptable Darstellungen aufweisen, wurden noch seltsame Monster abgebildet, welche man für die Bewohner jener Gegenden hielt, die auf der Karte ganz und gar nicht legendär dargestellt waren.

Also seien wir nicht zu streng mit den mittelalterlichen Karten. Schließlich waren sie es, mit denen Marco Polo immerhin bis nach China gelangt ist, die Kreuzfahrer nach Jerusalem fanden und vielleicht die Iren oder die Wikinger bis nach Amerika.

Apropos, stimmt es wirklich, dass die Wikinger nach Amerika gelangt sind, wie die Legende behauptet? Wie man weiß, hat die wahre mittelalterliche Revolution in der Seefahrt durch die Erfindung des drehbaren Steuerruders am Heck stattgefunden. Bei den Schiffen der Griechen und Römer, der Wikinger und sogar noch der Normannen Wilhelms des Eroberers, die 1066 an der Küste Englands landeten (wie man auf dem Teppich von Bayeux sieht), bestand das Steuer aus zwei seitlich am Heck befindlichen

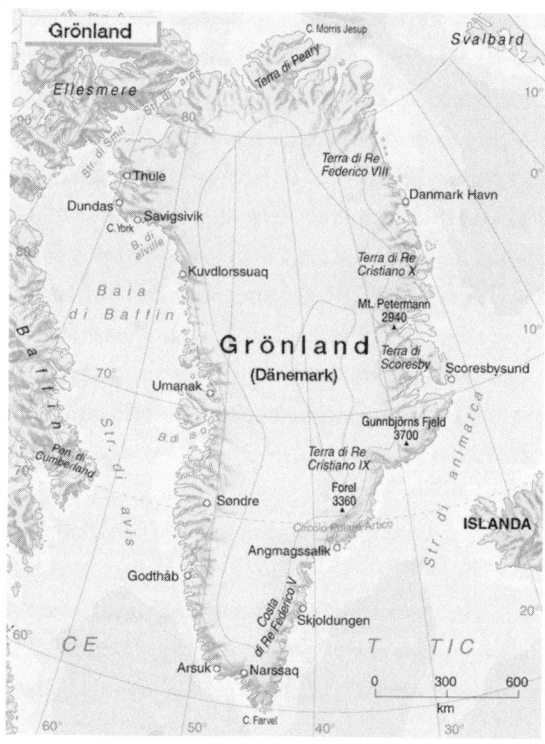

Rudern, mit denen das Schiff in die gewünschte Richtung gelenkt wurde. Das System war nicht nur mühsam zu handhaben, sondern machte es praktisch unmöglich, gegen den Wind zu kreuzen, da man dabei das Steuer so führen können muss, dass das Schiff dem Wind abwechselnd mal die eine und mal die andere Seite darbietet. Die Seeleute mussten sich also mit der kleinen Küstenschifffahrt begnügen, das heißt den Küsten immer so nahe bleiben, dass sie anlegen konnten, wenn der Wind ungünstig war.

Infolgedessen hätten die Wikinger niemals von Spanien nach Mittelamerika segeln können, wie es Kolumbus getan hat (und dasselbe gilt für die Iren). Anders steht es jedoch, wenn man annimmt, dass sie erst von Island nach Grönland übersetzten und dann immer an der Küste entlang bis hinauf nach Kanada fuhren. Es genügt ein Blick auf eine Karte der Gegend, um zu verstehen, wie gute Seeleute es vermochten, mit Langschiffen – und wer weiß, wie viele dabei untergegangen sind – bis in den äußersten Norden des amerikanischen Kontinents vorzudringen und dann vielleicht an der Küste von Labrador anzulegen.

DIE FORM DES HIMMELS

Aber lassen wir die Erde und wenden uns dem Himmel zu. Im 4.–3. Jahrhundert v. Chr. hatte Aristarch von Samos eine heliozentrische Hypothese vertreten, an die auch noch Kopernikus erinnert. Wie Plutarch erzählt, war Aristarch als Frevler angeklagt worden, weil er die Erde in Bewegung gesetzt hatte, um durch die Erdrotation astronomische Erscheinungen zu erklären, die sich anders nicht begründen ließen. Plutarch billigte die Hypothese nicht, und Ptolemäus nannte sie später »lächerlich«. Aristarch war seiner Zeit zu weit voraus, und es kann sein, dass er aus falschen Gründen zu seiner Schlussfolgerung gekommen war. Andererseits ist die Geschichte der Astronomie schon kurios. Ein großer Materialist wie Epikur brachte eine Idee auf, die so lange überlebt hat, dass sie noch von Gassendi im 17. Jahrhundert diskutiert wurde und jedenfalls von Lukrez in *De rerum naturae* bestätigt wird: Ihr zufolge können die Sonne, der Mond und die Sterne (aus vielen sehr ernsthaften Gründen) nicht größer und nicht kleiner sein, als sie unseren Augen erscheinen. Weshalb Epikur der Ansicht war, die Sonne habe einen Durchmesser von etwa dreißig Zentimetern.

Kopernikus' Buch *De revolutionibus orbium cœlestium (Über die Umschwünge der himmlischen Kreise)* ist 1543 erschienen. Wir glauben, die Welt habe sich dadurch schlagartig geändert, und sprechen von kopernikanischer Wende. Aber Galileis *Dialog über die beiden hauptsächlichsten Weltsysteme* ist 1632 erschienen (89 Jahre später), und man weiß, auf welche Widerstände er traf. Im Übrigen waren sowohl die Astronomie von Kopernikus als auch die von Galilei imaginäre Astronomien, denn beide täuschten sich über die Form der planetarischen Umlaufbahnen.

Doch die rigoroseste aller imaginären Astronomien war die von Tycho Brahe, dem großen Astronomen und Lehrer Keplers, der eine dritte Lösung vertrat: Die Planeten rotieren um die Sonne, da andernfalls viele astronomische Phänomene nicht zu erklären sind, aber die Sonne und die Planeten rotieren um die Erde, die unbeweglich im Zentrum des Universums steht.

Brahes Hypothese fand durchaus Anklang, zum Beispiel bei den Jesuiten, allen voran bei Athanasius Kircher. Kircher war ein gebildeter Mann, daher konnte er das ptolemäische System nicht mehr akzeptieren. In seinem Buch *Iter extaticum cœleste* (Ausgabe von 1660) zeigt er in einer Tafel der Sonnensysteme neben dem platonischen und dem ägyptischen auch das kopernikanische System, das er korrekt erklärt, aber mit dem Zusatz versieht: »quem deinde secuti sunt pene omnes Mathematici Acatholici et nonnullis ex Catholicis, quibus nimirum ingenium et calamus prurit ad nova venditanda«.[3] Da Kircher nicht zu dieser üblen Bande gehören wollte, entschied er sich für Brahe.

Gegen die Vorstellung einer Erde, die sich um die Sonne dreht, gab es im Übrigen sehr starke Argumente. So beweist Robert Fludd in seiner *Historia utriusque cosmi* von 1617 mit Argumenten aus der Mechanik, dass es, wenn man ein Rad wie das der Himmelskörper ins Drehen bringen will, viel einfacher ist, dies durch Ausübung einer Kraft an der Peripherie zu tun, wo sich in diesen Sphären der erste Beweger befand, als durch Einwirkung auf den Mittelpunkt, wohin die verrückten Kopernikaner sowohl die Sonne wie alle lebens- und bewegungsspendenden Kräfte setzen wollten. Alessandro Tassoni zählt in seinen *Dieci libri di pensieri diversi* von 1627 eine Reihe von Gründen auf, aus denen ihm eine Bewegung der Erde undenkbar erschien. Ich nenne nur zwei davon.

Das Argument der Sonnenfinsternis: Entfernt man die Erde aus der Mitte des Universums, so muss man sie entweder unter oder über den Mond setzen. Setzt man sie unter ihn, so gibt es nie eine Sonnenfinsternis, denn wenn der Mond oberhalb der Sonne oder oberhalb der Erde ist, kann er sich niemals zwischen Erde und Sonne schieben. Setzt man sie über ihn, so gibt es niemals eine Mondfinsternis, weil sich die Erde dann niemals zwischen den Mond und die Sonne schieben kann. Außerdem könnte die Astronomie dann keine Sonnenfinsternisse mehr voraussagen, weil sie ihre Berechnungen ja anhand der Sonnenbewegungen vornimmt, und wenn die Sonne sich nicht mehr bewegen würde, wäre ihr Unternehmen gescheitert.

Argument der Vögel: Wenn die Erde sich drehen würde, könnten die Vögel, wenn sie nach Westen fliegen, mit ihrer Drehung nicht Schritt halten und kämen nicht voran.

Descartes, der zu Galileis Hypothese neigte, aber nie den Mut hatte, seine diesbezüglichen Ansichten zu publizieren, hatte sich eine in mancher Hinsicht faszinierende Theorie zurechtgelegt, nämlich die der *tourbillons* oder Wirbel (*Principia philosophiae*, 1644). Er stellte sich vor, der Himmel sei eine liquide Materie, flüssig wie ein Meer, die um die Erde fließt und dabei Strudel, eben Wirbel bildet. Diese Wirbel ziehen die Planeten auf ihrer Kreisbahn mit sich, und einer davon zieht die Erde um die Sonne. Doch es ist der Wirbel, der sich bewegt, die Erde steht unbeweglich wie ein Fixstern in dem Wirbel, der sie mit sich zieht. Die Schläue von Descartes lag darin, dass er diese verblüffende Erklärung, die das geozentrische Weltbild mit dem heliozentrischen Weltbild versöhnen sollte, als reine Hypothese

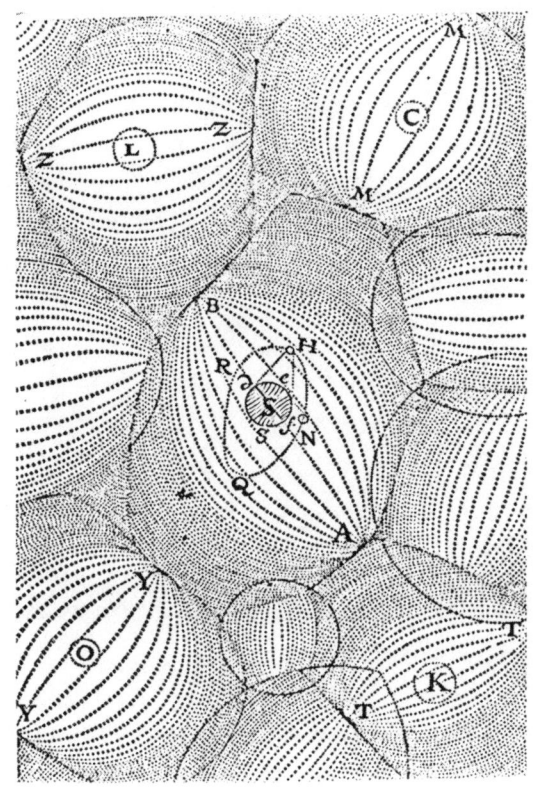

vortrug und somit nicht in Gegensatz zur anerkannten Wahrheit der Kirche geriet.

Wie Apollinaire ausrief: »Pitié pour nous qui combattons toujours aux frontières / de l'illimité et de l'avenir, / pitié pour nos péchés, pitié pour nos erreurs [...].«[4] Es waren Zeiten, in denen ein ernsthafter Astronom noch viele Irr-

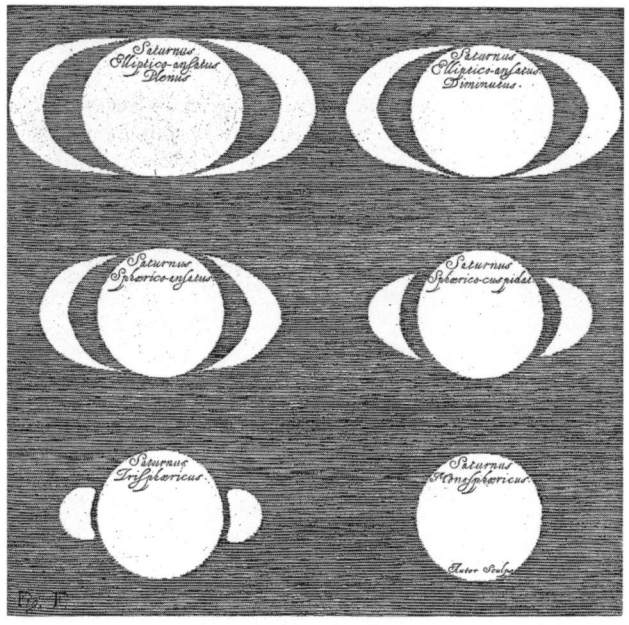

tümer begehen konnte, wie zum Beispiel Galilei, als er mit seinem Fernrohr den Ring des Saturn entdeckte, aber sich nicht erklären konnte, um was es sich dabei handelte.

Zuerst meint er, nicht nur *einen* Stern gesehen zu haben, sondern drei, die in gerader Linie parallel zum Himmelsäquator miteinander verbunden seien, und zeichnet das, was er gesehen hat, als drei Kreise. In den folgenden Schriften behauptet er, Saturn könne in Form einer Olive erscheinen, und schließlich spricht er nicht mehr von drei Körpern oder einer Olive, sondern von »zwei halben

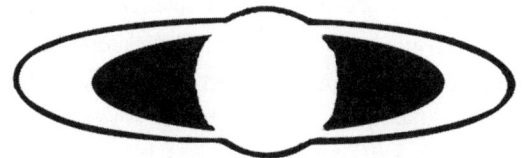

Ellipsen mit zwei sehr dunklen kleinen Dreiecken in der Mitte besagter Figuren« und zeichnet einen Saturn, der große Ähnlichkeit mit Micky Maus hat.

DIE UNENDLICHKEIT DER WELTEN

Beim Umherschweifen zwischen von der Phantasie geschaffenen Welten hat die imaginäre Astronomie unserer Vorfahren, durchzogen von okkultistischen Strömungen, eine revolutionäre Idee geboren: die Idee von der Vielzahl der Welten. Es gab sie schon bei den antiken Atomisten, bei Demokrit, Leukipp, Epikur und Lukrez. Wie Hippolytos in seinen *Philosophumena* bemerkt, wenn die Atome sich ständig durchs Leere bewegen, können sie nicht umhin, unzählige Welten zu bilden, die alle voneinander verschieden sind. In einigen gibt es weder Sonne noch Mond, in anderen sind die Sterne größer als in unserer, in wieder anderen sind sie sehr viel zahlreicher. Eine Hypothese, die nicht widerlegt werden konnte, weshalb sie für Epikur als wahr genommen werden musste, solange sie nicht als falsch bewiesen wurde. Lukrez dichtete (*De rerum natura*, II, 1050 f.): »Nulla est finis; uti docui, res ipsaque per se / vociferatur, et elucet natura profundi« (»Nirgends ein Ende; so hab' ich's gelehrt, wie die Sache auch selber / für sich spricht; so wird die Natur des Unendlichen deutlich«). Und er fuhr fort (1064 ff.): »So mußt immer aufs neue du mir bestätigen, daß sich / anderswo andre Verbindung des Urstoffs bildet wie unsere / Welt, die der Äther so fest mit brünstigen Armen umklammert.«[5]

Sowohl die Leere als auch die Vielzahl der Welten waren von Aristoteles bestritten worden und mit ihm von großen Scholastikern wie Thomas von Aquin und Roger Bacon. Doch den Verdacht, dass es die Vielzahl der Welten gebe, äußerten Wilhelm von Ockham, Buridan, Nikolaus von Oresme und andere, als über die *infinita potentia Dei*, die unendliche Macht Gottes, diskutiert wurde. Von einer unendlichen Zahl von Welten sprachen im 15. Jahrhundert Nikolaus von Kues und im 16. Jahrhundert Giordano Bruno.

Welches Gift in dieser Hypothese steckte, zeigte sich klarer, als die neuen Epikuräer, die Freidenker des 17. Jahrhunderts sie sich zu eigen machten. Andere Welten besuchen und dort Bewohner finden – das war eine noch viel gefährlichere Häresie als die heliozentrische Hypothese. Wenn es unendlich viele Welten gibt, wird die Einzigartigkeit der Erlösung in Frage gestellt. Entweder sind dann die Sünde Adams und die Passion Christi bloß eine marginale Episode, die nur unsere Erde betrifft, nicht aber die anderen Schöpfungen Gottes, oder Golgatha müsste sich unzählige Male auf unendlich vielen Planeten wiederholt haben, wodurch das Opfer des Menschensohns seine erhabene Einzigartigkeit verlöre.

Wie Fontenelle in seinen *Entretiens sur la pluralité des mondes* (1686) erinnert, war die Hypothese schon implizit in Descartes' Theorie der Wirbel enthalten, denn wenn jeder Stern seine Planeten in einem Wirbel mit sich zieht und selbst von einem größeren Wirbel gezogen wird, kann man sich unzählige Wirbel am Himmel vorstellen, die unzählig viele Planetensysteme mit sich ziehen.

Mit der Idee einer Vielzahl von Welten beginnt im 18. Jahrhundert, was wir heute Science-Fiction nennen, von den Reisen Cyrano de Bergeracs in die Reiche des Mondes und der Sonne bis zum *Man in the Moone* von Godwin und zur *Discovery of a World in the Moone* von Wilkins. Was die Aufstiegsarten angeht, so sind wir noch nicht bei Jules Verne. Beim ersten Mal bindet sich Cyrano eine große Zahl Flaschen voller Tau um den Leib, und als die Wärme der Sonne den Tau aufsteigen lässt, erhebt Cyrano sich mit ihm zum Himmel. Beim zweiten Mal benutzt er eine raketengetriebene Maschine. Godwin probiert es mit einem Flugzeug *ante litteram*, das von Vögeln gezogen wird.

DIE SCIENCE-FICTION

Die moderne Science-Fiction, von Jules Verne bis heute, eröffnet ein weiteres Kapitel der imaginären Astronomien, in dem die Hypothesen der Astronomie und der wissenschaftlichen Kosmologie ausgebeutet und ins Extrem getrieben werden. Mein einstiger Schüler Renato Giovannoli hat ein wunderbares Buch über die *Wissenschaft der Science-fiction* geschrieben,[6] in dem er nicht nur sämtliche pseudowissenschaftlichen (aber oft einleuchtenden) Hypothesen in utopischen Romanen untersucht, sondern auch zeigt, dass die Wissenschaft der Science-Fiction aus einem ziemlich homogenen Corpus von Ideen und Topoi besteht, der sich von Autor zu Autor fortpflanzt, mit sukzessiven Perfektionen und Entwicklungen, von den mit Nitroglyzerin geladenen Kanonen bei Jules Verne und den Antischwerkraftkammern bei H. G. Wells bis zu den Zeitreisen, über die verschiedenen Techniken der Weltraumnavigation, der Reise im Winterschlaf, dem Raumschiff als kleinem geschlossenen und ökologisch selbstgenügsamen Universum mit Hydrokulturen, den unzähligen Variationen über das Paradox von Langevin, demzufolge ein Astronaut, der von einer mit Lichtgeschwindigkeit vollführten Weltraumreise zurückkehrt, bei der Rückkehr zehn Jahre jünger als sein eigener Zwillingsbruder sein kann. So hat zum Beispiel Robert Heinlein in *Time for the Stars* die Geschichte zweier solcher Zwillinge geschrieben, die während der Reise telepathisch kommunizieren – wozu jedoch

Tullio Regge in seinen *Cronache dell'universo* angemerkt hat, dass, wenn die telepathischen Botschaften augenblicklich ankommen, die Antworten noch vor den Fragen eintreffen müssten.

Ein anderes Dauerthema ist das des Hyperraums, den Heinlein in *Starman Jones* wie folgt beschreibt, wobei er als Demonstrationsobjekt einen Schal benutzt: »Hier ist Mars [...] Dort ist Jupiter. Um von Mars zu Jupiter zu gelangen, müssen Sie diesen langen Weg zurücklegen [...] Aber wenn ich den Schal so zusammenfalten würde, dass Mars über Jupiter zu liegen käme? Was würde uns dann noch hindern, das trennende Stückchen zurückzulegen?« So hat sich die Science-Fiction auf die Suche nach anomalen Punkten im Universum begeben, an denen der Raum sich zusammenfalten kann. Sie hat auch wissenschaftliche Hypothesen benutzt wie die von den Schwarzen Löchern, den Einstein-Rosen-Brücken, den raumzeitlichen *wormholes*, und Kurt Vonnegut hat in *Die Sirenen des Titan* die Existenz hyperräumlicher Tunnel in Gestalt der »chronosynklastischen Trichter« ins Spiel gebracht, während andere die »Tachyonen« erfanden, Elementarteilchen, die sich schneller als das Licht bewegen.

Alle Probleme der Zeitreise sind durchgespielt worden, mit oder ohne Verdoppelung des Reisenden, einschließlich des berühmten Paradoxes vom Großvater (wenn man von der Zeitreise zurückkäme und der eigene Großvater hätte sich vor seiner Heirat umgebracht, würde man vielleicht im selben Moment verschwinden), unter Verwendung auch von wissenschaftlichen Konzepten wie dem von Hans Reichenbach in *The Direction of Time* betreffend geschlossene Kausalketten nach dem Muster: A verursacht B, B verursacht C, und C verursacht wiederum A. Philip K. Dick hat in *Counter-Clock World* die Idee einer entropischen Inversion erörtert. Frederick Brown hat eine Erzählung mit dem Titel *The End* geschrieben, in deren erstem Teil behauptet wird, die Zeit sei ein Feld und Professor Jones habe eine Maschine erfunden, die das Zeit-Feld umkehrt. Jones drückt auf einen Knopf, und der zweite Teil der Erzählung besteht aus denselben Wörtern wie der erste, nur in umgekehrter Reihenfolge.

Und schließlich hat man, immer mit der alten Theorie einer unendlichen Vielzahl von Welten spielend, allerlei Paralleluniversen erfunden. So erinnert zum Beispiel Fredric Brown in *What Mad Universe* daran, dass es eine unendliche Anzahl gleichzeitig existierender Universen geben kann: »Zum Beispiel gibt es ein Universum, in dem sich in diesem Augenblick gerade exakt dasselbe wie hier abspielt, nur dass du oder dein Äquivalent braune statt schwarze Schuhe anhat. [...] In einem anderen Fall hast du einen Kratzer an einem Finger, und in noch einem anderen rote Hörner auf dem Kopf [...].« Doch in der Logik der möglichen Welten konnte auch ein Philosoph wie D. K. Lewis in seinen *Counterfactuals* von 1973 schreiben: »Ich betone, dass ich die möglichen Welten keineswegs mit nur sprachlichen Entitäten identifiziere. Ich betrachte sie als vollgültige Entitäten. Wenn ich in der Frage möglicher

Welten eine realistische Haltung einnehme, dann möchte ich wörtlich verstanden werden. [...] Unsere gegenwärtige Welt ist nur eine von vielen. [...] Sie glauben bereits an unsere gegenwärtige Welt. Ich bitte Sie lediglich, an mehr Dinge von dieser Art zu glauben.«

Was trennt einen Großteil der Science-Fiction von der realen Wissenschaft, die ihr vorausgegangen ist oder ihr folgt? Während die SF-Autoren sicher lesen, was die Wissenschaftler schreiben, stellt sich die Frage, wie viele Wissenschaftler ihre Phantasie an den Geschichten der SF-Autoren genährt haben. Wie viele imaginäre Astronomien der Science-Fiction sind oder werden eines Tages noch imaginär sein?

Ich habe einen Text gefunden, in dem Thomas von Aquin (in *Primum Sententiarum*, 8, 1, 2) zwei Arten von morphologischen Beziehungen zwischen Ursache und Wirkung unterscheidet: Die Ursache könne der Wirkung ähnlich sein, wie eine Person ihrem Abbild ähnlich sein kann, oder die Ursache könne der Wirkung unähnlich sein, wie das Feuer, das Rauch verursacht, und zu dieser zweiten Kategorie von Ursachen rechnet Thomas auch die Sonne, die Wärme erzeugt, aber selbst kalt sei. Wir lächeln hier über Thomas, weil ihn seine Theorie der himmlischen Sphären zu einem solchen Beispiel verführt hat, aber wenn eines Tages die kalte Kernfusion ernst genommen wird, müssen wir dann nicht auch diese Idee des Aquinaten voller Respekt neu bedenken?

KALTE SONNE UND HOHLE WELT

Über die kalte Sonne gab es mehr als imaginäre Geo-Astro-nomien, die man nur als delirant bezeichnen kann und die, wie es scheint, sehr ernsthafte, wenn auch ganz inakzeptable Gedanken und Entscheidungen beeinflusst haben.

So wurde seit 1925 in nationalsozialistischen Kreisen die sogenannte Welteislehre, abgekürzt WEL, des österreichischen Pseudowissenschaftlers Hanns Hörbiger verbreitet.[7] Sie erfreute sich der Gunst von Männern wie Rosenberg und Himmler. Aber nach Hitlers Machtergreifung wurde Hörbiger auch in einigen wissenschaftlichen Kreisen ernst genommen, zum Beispiel von einem Physiker wie Philipp Lenard, der zusammen mit Röntgen die nach diesem benannten Strahlen entdeckt hatte.

Gemäß dieser Welteislehre ist das Universum der Schauplatz eines ewigen Kampfes zwischen Eis und Feuer, der keine Evolution hervorbringt, sondern einen ständigen Wechsel von Zyklen oder Epochen. Einst gab es einen riesigen glühenden Körper, Millionen Mal größer als die Sonne, der mit einer riesigen Zusammenballung von kosmischem Eis kollidierte. Die Eismasse war in den glühenden Körper eingedrungen, und nachdem sie in seinem Innern Hunderte von Millionen Jahre lang als Dampf gewirkt und gearbeitet hatte, war das Ganze explodiert. Von den auseinanderfliegenden Teilen wurden einige in die Zone des Eises geschleudert und andere in eine Zwischenzone, wo sie das Sonnensystem bildeten. Der Mond, Mars, Jupiter und Saturn sind Eisklumpen, und ein Ring aus Eis ist die Milchstraße, in der die traditionelle Astronomie Sterne sehen will. Es handelt sich aber um optische Täuschungen. Die Sonnenflecken werden durch Eisblöcke verursacht, die sich von Jupiter ablösen.

Nun nimmt jedoch die Kraft der ursprünglichen Explosion ab, und jeder Himmelskörper bewegt sich nicht auf einer elliptischen Umlaufbahn, wie die offizielle Wissenschaft fälschlicherweise annimmt, sondern auf einer (unmerklich) immer enger werdenden Spirale um den jeweils größeren Himmelskörper, der ihn anzieht. Am Ende des Zyklus, in dem wir leben, wird sich der Mond immer mehr der Erde nähern, wird dadurch das Wasser der Ozeane so ansteigen lassen, dass es die Tropen überschwemmt und nur die höchsten Berge herausragen lässt, die kosmischen Strahlen werden zunehmen und genetische Mutationen bewirken. Schließlich wird der Mond auseinanderbrechen und sich in einen Ring aus Eis, Gas und Wasser verwandeln, der am Ende auf die Erdkugel stürzen wird. Aufgrund komplizierter Wechselwirkungen, die mit dem Einfluss des Mars zu tun haben, wird auch die Erde sich in eine Eiskugel verwandeln und am Ende von der Sonne aufgesogen werden. Danach wird es eine erneute Explosion und einen neuen Anfang geben, so wie früher einmal die Erde bereits drei weitere Satelliten gehabt und in sich aufgesogen hatte.

Offensichtlich setzte diese Kosmogonie eine Art ewige Wiederkehr voraus, die sich auf uralte Mythen und Epen berief. Ein weiteres Mal wurde somit das, was auch die heutigen Nazis das Wissen der Überlieferung nennen, dem falschen Wissen der liberalen und jüdischen Wissenschaft entgegengesetzt. Überdies erschien eine solche »Glazial-kosmogonie« sehr nordisch und arisch. Louis Pauwels und Jacques Bergier[8] führen Hitlers Zuversicht, dass seine Truppen mit dem eisigen russischen Winter sehr gut zurechtkommen würden, auf diesen tiefen Glauben an die glazialen Ursprünge des Universums zurück. Aber sie vermuten auch, dass die für nötig gehaltene Prüfung, wie das kosmische Eis reagieren würde, die Experimente mit der V2 verzögert habe. 1938 veröffentlicht ein gewisser Elmar Brugg ein Buch zu Ehren von Hörbiger als dem »Kopernikus des 20. Jahrhunderts«,[9] in dem er behauptet, die Welteislehre erkläre die tiefen Bande, die das irdische Geschehen mit den kosmischen Kräften verbinde, und zu dem Schluss kommt, das Schweigen der »jüdisch-demokratischen« Wissenschaft über Hörbiger sei ein typischer Fall von Verschwörung der Mittelmäßigen.

Dass sich im Umfeld der NS-Partei Verfechter von magisch-hermetischen und neutempleristischen Wissenschaften tummelten, beispielsweise die Adepten der von Rudolf von Sebottendorff gegründeten Thule-Gesellschaft, ist ein breit untersuchtes Phänomen.[10] Im NS-Milieu soll auch noch einer anderen Theorie Gehör geschenkt worden sein, derzufolge die Erde innen hohl ist und wir nicht außen auf ihrer konvexen Kruste leben, sondern innen an ihrer konkaven Wölbung. Diese Theorie war bereits zu

Beginn des 19. Jahrhunderts von einem gewissen Captain John Cleves Symmes aus Ohio vertreten worden, der 1818 an verschiedene wissenschaftliche Gesellschaften geschrieben hatte: »An alle Welt: Ich erkläre, dass die Erde innen hohl und bewohnbar ist; sie enthält eine gewisse Anzahl solider Sphären, die konzentrisch sind, das heißt ineinandergeschoben, und sie ist an den beiden Polen offen in einer Breite von zwölf bis sechzehn Grad.« Ein Holzmodell seines Universums wird noch heute in der Academy of Natural Sciences von Philadelphia aufbewahrt.

Die Theorie war dann nach der Mitte des Jahrhunderts von einem anderen Amerikaner namens Cyrus Reed Teed aufgegriffen und weiterentwickelt worden: Was wir für den Himmel hielten, sei eine Masse aus dunklem Gas, durchsetzt mit Zonen von strahlendem Licht, die das Innere der Kugel erfülle. Sonne, Mond und Sterne seien keine Himmelskörper, sondern visuelle Effekte, die durch verschiedene Phänomene hervorgerufen würden.

Nach dem Ersten Weltkrieg wurde die Theorie in Deutschland perfektioniert, zuerst von einem Peter Bender und dann von Karl Neupert, dem Begründer der »Hohlweltlehre«, der eine regelrechte Bewegung ins Leben rief. Nach Aussage einiger Zeitzeugen[11] wurde die Theorie in NS-Führungskreisen durchaus ernst genommen, und in Teilen der deutschen Marine habe man geglaubt, mit der Hohlweltlehre werde es möglich, die Positionen der britischen Schiffe genauer zu bestimmen, denn bei Benutzung von Infrarotstrahlen werde die Beobachtung nicht mehr durch die Krümmung der Erdoberfläche behindert. Es heißt sogar, einige V2-Raketen hätten ihre Ziele nur deshalb verfehlt, weil ihre Flugbahnen ausgehend von der Annahme einer konkaven und nicht konvexen Erdoberfläche berechnet worden seien. Woran man sieht – wenn es stimmt –, welche segensreiche und geschichtsmächtige Wirkung delirante Astronomien haben können.

IMAGINÄRE GEOGRAPHIEN UND REALE GESCHICHTE

In der zweiten Hälfte des 12. Jahrhunderts war im Abendland ein Brief aufgetaucht, der detailliert berichtete, dass im fernen Morgenland, jenseits der von Muslimen bewohnten Gebiete, jenseits der Länder, welche die Kreuzritter aus der Herrschaft der Ungläubigen zu befreien versucht hatten, die aber inzwischen unter jene Herrschaft zurückgekehrt waren, ein christliches Reich blühe, das von einem märchenhaften Priester oder Presbyter Johannes regiert werde, der sich als »Herr der Herrschenden kraft der Macht und Herrlichkeit Gottes und Unseres Herrn Jesus Christus« bezeichne. Darin stand unter anderem zu lesen:

Wisse und glaube zweifelsfrei, dass ich, der Priester Johannes, Herr der Herrschenden bin und in allen Reichtümern, die es unter dem Himmel gibt, sowie an Tugend und Macht alle Könige der Erde übertreffe.

Zweiundsiebzig Könige sind Uns tributpflichtig. Ich bin ein frommer Christ und schütze überall die wahren Christen, die vom Imperium meiner Milde regiert werden, und unterstütze sie mit Almosen. […] Unsere Herrschaft erstreckt sich über die drei Indien, bis zum Jenseitigen Indien, wo der Leib des Apostels Thomas ruht, unsere Lande reichen bis in die Wüste und weiter bis zu den Grenzen des Ostens und kehren zurück in den Westen bis in das verödete Babylon nahe dem Turm zu Babel. […] In Unserem Reich werden geboren und leben Elefanten, Kamele, Dromedare, Flusspferde, Krokodile, Methagallinare, Kametheternen, Thinsireten, Panther, Wildesel, weiße und rote Löwen, weiße Bären und weiße Amseln, stumme Zikaden, Greife, Tiger, Lamien, Hyänen, wilde Rinder, Bogenschützen, wilde Menschen, gehörnte Menschen, Faune, Satyrn und Weiber derselben Art, Pygmäen, Kynozephalen, vierzig Ellen hohe Giganten, Einäugige, Zyklopen, ein Vogel namens Phönix und fast alle Arten von Tieren unter dem Himmelsgewölbe. […] Durch eine unserer Provinzen fließt ein Fluss namens Indus. Dieser Fluss, der aus dem Paradies kommt, breitet seine Mäander durch verschiedene Arme über die ganze Provinz aus, und man findet in ihm Edelsteine: Smaragde, Saphire, Karfunkel, Topase, Chrysolythe, Onyxe, Berylle, Amethyste, Sarder und viele andere wertvolle Steine.[12]

Und so weiter, es folgen noch viele Wunder. Übersetzt und mehrfach paraphrasiert im Laufe der folgenden Jahrhunderte, hat der Brief, in verschiedenen Sprachen und Versionen, bis zum 17. Jahrhundert entscheidende Bedeutung für die Expansion des christlichen Abendlandes nach Osten gehabt. Die Idee, dass jenseits der muslimischen Länder ein christliches Reich existieren könnte, legitimierte sämtliche Erkundungs- und Eroberungszüge. Vom Priester Johannes sprachen die Asienreisenden Johannes von Plano Carpini, Wilhelm von Rubruk und Marco Polo. Um die Mitte des 16. Jahrhunderts verlagerte sich das Reich des Priesters Johannes aus einem unbestimmten Fernen Osten nach Äthiopien, als die portugiesischen Seefahrer das afrikanische Abenteuer in Angriff nahmen. Kontakte mit dem Priesterkönig suchten im 15. Jahrhundert Englands Heinrich IV., der Duc de Berry und Papst Eugen IV. In Bologna diskutierte man noch zur Zeit der Krönung Karls V. über Johannes als möglichen Verbündeten für eine Wiedereroberung des Heiligen Grabes.

Wie und zu welchem Zweck ist der Brief des Priesters Johannes entstanden? Vielleicht war er ein Dokument antibyzantinischer Propaganda aus der Kanzlei von Friedrich Barbarossa, aber das Problem ist nicht so sehr die Frage seines Ursprungs, sondern seiner Rezeption. An der geographischen Phantasterei hat sich ein politisches Projekt gestärkt. Mit anderen Worten, das von irgendeinem auf Fälschungen versessenen Kanzleischreiber erfundene Phantom (Fälschungen waren damals eine hochgeschätz-

te literarische Gattung) hat als Alibi für die Expansion der christlichen Welt nach Asien und Afrika gedient, als freundliche Unterstützung der Bürde des weißen Mannes.

Somit haben wir hier einen Fall von imaginärer Geographie, der reale Geschichte hervorgebracht hat. Er ist nicht der einzige. Beschließen wir dieses Kapitel mit dem Typus *Orbis Terrarum* von Ortelius aus dem 16. Jahrhundert.

Ortelius stellte bereits den amerikanischen Kontinent mit beachtlicher Präzision dar, aber er dachte noch, wie viele vor und nach ihm, es gebe eine *Terra Australis*, eine riesige Kappe, die den ganzen antarktischen Teil des Pla-

III

neten bedeckte. Und um diese inexistente *Terra Australis* zu finden, haben unermüdliche Seeleute, von Mendaña bis Bougainville, von Tasman bis Cook, den Pazifik erforscht. Ausgehend von einer imaginären Kartographie wurden schließlich das reale Australien, Tasmanien und Neuseeland entdeckt.

Erbarmen also für jene, die an der Grenze des Unbegrenzten und des Kommenden kämpften. Erbarmen für die Großartigkeiten und die oft fruchtbaren Fehler aller imaginären Geographien und Astronomien.

ANMERKUNGEN

KOMPLOTTE, VERSCHWÖRUNGEN, KONSPIRATIONEN

1 Verlag Piemme, 2007. Nicht ins Deutsche übersetzt, vgl. aber den sehr detailreichen und ausführlichen Wikipedia-Artikel »Verschwörungstheorien zum 11. September 2001«, der auch zahlreiche Literaturangaben enthält (A. d. Ü.).

2 Anspielung auf »Deep Throat«, das Pseudonym des Hauptinformanten der Watergate-Affäre 1972/73, der erst 2005 enttarnt wurde (A. d. Ü.).

3 Karl R. Popper, *Die offene Gesellschaft und ihre Feinde*, Bd. II: *Falsche Propheten: Hegel, Marx und die Folgen*, übers. von Paul K. Feyerabend, verbessert u. ergänzt durch Karl R. Popper u. a., Mohr Siebeck, Tübingen 2003[8], S. 112 (A. d. Ü.).

4 Ders., *Vermutungen und Widerlegungen. Das Wachstum der wissenschaftlichen Erkenntnis*, hg. von Herbert Keuth, übers. von Gretl Albert, Melitta Mew, Karl R. Popper u. a., Mohr Siebeck, Tübingen 2009[2], S. 190 (A. d. Ü.).

5 *Verschwörung. Faszination und Macht des Geheimen*, übers. von Gerhard Beckmann, Gerling Akademie Verlag, München 1998 (A. d. Ü.).

6 D. Jolley und Karen M. Douglas, »The social consequences of conspiracism: exposure to conspiracy theories decreases intentions to engage in politics and to reduce one's carbon footprint«, in: *British Journal of Psychology*, 105/1 (2014), S. 35–56.

FIKTIVE PROTOKOLLE

1 Andrea Bonomi, *Lo spirito della narrazione*, Mailand, Bompiani 1994, Kap. 4.

2 Vgl. z. B. Theun A. van Dijk, »Action, Action Description and Narrative«, in *Poetics* 5/1975, S. 287338.

3 Dt. erschienen in *Schreibheft* 28, November 1986, übers. von Jürgen Ritte (A. d. Ü.).

4 *Steak and Lobster* (Steak und Hummer) ist ein typisches »Prestige-Essen«, das in bestimmten amerikanischen Restaurants für Kunden bereitgehalten wird, die das Gefühl haben wollen, sich einmal wirklich das Beste zu leisten, aber für einen moderaten Preis (sowohl das Steak wie der Hummer werden in kleineren Portionen als üblich serviert).

5 Roland Barthes, »L'effet de réel«, in *Essais critiques*, IV: *Le bruisse-ment de la langue*, Paris, Seuil 1984, S. 167–174.

6 1975, dt. »Casablanca oder die Wiedergeburt der Götter«, in *Über Gott und die Welt,* München, Hanser 1985, S. 208–13.

7 T. S. Eliot, »Hamlet«, in *Selected Essays*, op. cit., S. 144; (dt. *Ausge-wählte Essays 1917–1947*, op. cit., S. 179–182).

8 Vgl. mein Buch *Die Suche nach der vollkommenen Sprache*, übers. von Burkhart Kroeber, München, C. H. Beck 1994.

9 Jerome Bruner, *Actual Minds, Possible Worlds*, Cambridge/Mass., Harvard Univ. Press 1986.

10 Arthur Danto, *Analytical Philosophy of History*, Cambridge/Mass. 1965 (dt. *Analytische Philosophie der Geschichte*, übers. von Jürgen Behrens, Frankfurt/M., Suhrkamp 1980); Hayden White, *Meta-history: The Historical Imagination in Nineteenth-Century Europe*, Baltimore Press 1973 (dt. *Metahistory. Die historische Einbildungs-kraft im 19. Jahrhundert in Europa*, Frankfurt/M., S. Fischer 1991); Jorge Lozano, *El discurso histórico*, Madrid, Alianza Editorial 1987.

11 A.-J. Greimas und Joseph Courtés, *Semiotics and Language: An Analytical Dictionary*, Bloomington, Indiana Univ. Press 1979;

vgl. auch A.-J. Greimas, *Du sens*, und *Du sens II*, Paris, Seuil 1970 und 1983.

12 Heinrich Neuhaus, *Pia et ultissima admonestatio de Fratribus Rosae-Crucis*, Danzig 1618.

13 Marquis de Luchet, *Essai sur la secte des illuminés*, Paris 1798, V und XII.

14 Vgl. »I ›Protocolli‹ dei ›Savi Anziani‹ di Sion«, in *La Vita Italiana*, Rom 1938, Einleitung v. Julius Evola (dt. zuletzt *Die Protokolle der Weisen von Zion*, Wien, Erste Wiener Vereins-Buchdruckerei 1940).

15 Zu einer vollständigen Rekonstruktion der Geschichte, an die ich mich weitgehend gehalten habe, s. Norman Cohn, *Warrant for Genocide: The Myth of the Jewish World-Conspiracy and the Protocols of the Elders of Zion*, New York, Harper and Row 1967 (dt. *Die Protokolle der Weisen von Zion. Der Mythos von der jüdischen Weltverschwörung*, übers. von Karl Römer, Köln, Kiepenheuer & Witsch 1969).

16 Nesta Webster, *Secret Societies and Subversive Movements*, London, Boswell 1924, S. 408 f.

IMAGINÄRE ASTRONOMIEN

1 Siehe hierzu www.mompracem.de (A. d. Ü.).

2 Praeger, New York 1991.

3 Etwa: »dem dann fast alle nichtkatholischen Mathematiker gefolgt sind und auch einige Katholiken, denen es wohl in Geist und Feder nach neuen Marktschlagern juckte« (A. d. Ü.).

4 »Habt Erbarmen mit uns, die wir stets an den Grenzen des Unbegrenzten und des Kommenden kämpfen, habt Erbarmen mit unseren Sünden, Erbarmen mit unseren Irrtümern« – aus dem Gedicht »La Jolie Rousse«, 1925 (A. d. Ü.).

5 Zit. in der Übers. v. Hermann Diehls (A. d. Ü.).

6 Renato Giovannoli, *Scienza della fantascienza*, Bompiani, Mailand 1991.

7 Ph. Fauth (Hg.), *Hörbigers Glacial-Kosmogonie*, Hermann Kayser Verlag, Kaiserslautern 1913, Neudruck 1925.

8 In ihrem Buch *Le matin des magiciens*, Paris, Gallimard 1960 (dt. *Aufbruch ins dritte Jahrtausend. Von der Zukunft der phantastischen Vernunft*, übers. von Gerda von Uslar, Scherz, Bern/ Stuttgart 1962; als Taschenbuch bei Goldmann, München 1986, A. d. Ü.).

9 Elmar Brugg (d. i. Rudolf von Elmayer-Vestenbrugg), *Die Welteislehre nach Hanns Hörbiger*, Koehler & Amelang, Leipzig 1938.

10 Siehe z. B. Nicholas Goodrick-Clarke, *Die okkulten Wurzeln des Nationalsozialismus*, Stocker, Graz 1997, oder René Alleau, *Hitler et les sociétés secrètes*, Grasset Paris 1969.

11 Zum Beispiel Gerard Kniper vom Observatorium Mount Palomar, in einem Artikel der Zeitschrift *Popular Astronomy* von 1946, und Willy Ley, der in Peenemünde an Hitlers V-Waffen-Programm mitgearbeitet hatte, in seinem Artikel »Pseudoscience in Naziland«, in *Astounding Science Fiction*, 39, 1947.

12 Zitiert nach Gioia Zaganelli, *La lettera del Prete Gianni*, Parma 1990, S. 55 (vgl. die deutschen Ausgaben: Ulrich Knefelkamp, *Die Suche nach dem Reich des Priesterkönigs Johannes*, Verlag Andreas Müller, Gelsenkirchen 1986, sowie Gerd-Klaus Kaltenbrunner, *Johannes ist sein Name: Priesterkönig, Gralshüter, Traumgestalt*, Die Graue Edition, Schriften zur Neuorientierung in dieser Zeit, Zug/Schweiz 1993, A. d. Ü.).

EDITORISCHE NOTIZ

Verschwörungen, Komplotte und die Psychologie des Geheimnisses sowie Wahrheit und Fiktion sind Themen, die das gesamte Werk Umberto Ecos durchziehen. Die hier versammelten Essays wurden eigens für diese Ausgabe zusammengestellt. »Komplotte, Verschwörungen und Konspirationen« ist der Titel eines Vortrags, den Eco 2015 im Rahmen der Milanesiana gehalten hat. Er ist auf Deutsch zuerst erschienen im Sammelband *Auf den Schultern von Riesen. Das Schöne, die Lüge und das Geheimnis* (Hanser 2019). Über »Fiktive Protokolle« sprach Eco 1993 in der letzten seiner sechsteiligen Vorlesungsreihe (Norton Lectures) an der Harvard Universität. Die deutsche Übersetzung erschien in dem Band *Im Wald der Fiktionen. Sechs Streifzüge durch die Literatur* (Hanser 1994) und wurde für die vorliegende Ausgabe leicht gekürzt. »Imaginäre Astronomien« erschien auf Deutsch erstmals in *Die Fabrikation des Feindes und andere Gelegenheitsschriften* (Hanser 2011).

BILDNACHWEISE

UMBERTO ECO wurde am 5. Januar 1932 in Alessandria (Piemont) geboren und starb am 19. Februar 2016 in Mailand. Er zählte zu den bedeutendsten Schriftstellern und Wissenschaftlern der Gegenwart. Sein Werk erscheint bei Hanser, zuletzt u. a. *Nullnummer* (Roman, 2015), *Pape Satàn. Chroniken einer flüssigen Gesellschaft oder Die Kunst, die Welt zu verstehen* (2017), *Auf den Schultern von Riesen. Das Schöne, die Lüge und das Geheimnis* (2019) und *Der ewige Faschismus* (2020).

MARTINA KEMPTER, 1961 geboren in Meßkirch, übersetzte u. a. Carlo Ginzburg, Alberto Savinio und Nuccio Ordine. Sie ist Gründungsmitglied von Weltlesebühne e. V.

BURKHART KROEBER, 1940 geboren, übersetzte u. a. Bücher von Umberto Eco, Italo Calvino sowie *Die Brautleute* von Alessandro Manzoni. 2001 erhielt er den Johann-Heinrich-Voß-Preis.

Erscheint als Hörbuch bei Hörverlag, gelesen von Axel Wostry

Umberto Eco

Der ewige Faschismus

80 Seiten, Pappband,
auch als E-Book erhältlich

Faschismus und Totalitarismus, Integration und Intoleranz, Migration und Europa, Identität, das Eigene und das Fremde – die zentralen Begriffe in Umberto Ecos fünf Essays könnten kaum aktueller sein. Gerade in ihrer zeitlichen Distanz zeigt sich die Stärke von Ecos Gedanken: Losgelöst vom tagesaktuellen Geschehen, scheinen in ihnen die überzeitlichen Strukturen auf, die unserem Denken und Handeln zugrunde liegen. Präzise, wortgewandt und gespickt mit persönlichen Erinnerungen rufen seine Texte die komplexe Geschichte der Herausforderungen wach, vor denen wir heute stehen.

»Zeitlos und klarsichtig«
Karen Krüger, *Frankfurter Allgemeine Sonntagszeitung*, 21.06.20

»Es zeichnet Ecos spezielle Mischung von stilistischer und geistiger Klarheit aus. … Dieser Aufklärer erinnert uns mit Gelehrsamkeit, Witz und Geistesschärfe daran, dass wir die Welt gemeinsam politisch gestalten müssen. Es zeigt Umberto Eco ein letztes Mal in der Rolle, in der wir uns an ihn erinnern sollten: als großen europäischen Intellektuellen.« Florian Baranyi, *Falter*, 11.03.20

»Eco beschwört nicht den Schrecken des Totalitarismus, sondern das Glück der Befreiung von ihm.«
Anna-Lena Niemann, *Frankfurter Allgemeine Zeitung*, 06.03.20

David Baddiel

Und die Juden?

128 Seiten, Pappband, mit Abbildungen,
auch als E-Book erhältlich

Dieses Buch richtet sich an alle Menschen mit gutem Gewissen. Natürlich sind sie gegen Homophobie, Rassismus und andere Arten der Diskriminierung. Sicher sind sie auch gegen Antisemitismus in jeder Form. Aber zählen Juden wirklich genauso in den Debatten der Gegenwart?

David Baddiel ist in Großbritannien berühmt als politischer Kommentator und Comedian. Als prominente jüdische Stimme stellt er bohrende Fragen: Gelten Juden wirklich als handfest bedroht, genau wie andere Minderheiten? Und falls nicht – warum? In einer brillanten Kombination aus Beobachtungen der Gegenwart, persönlichen Erfahrungen und schmerzhaften Pointen erschüttert dieser Essay bequeme Gewissheiten. Wir müssen reden!

»Falls Sie glauben, Sie seien gegen Rassismus: Lesen Sie dieses Buch!«
Sarah Silverman

»Ein furchtloses und notwendiges Buch.« Jonathan Safran Foer

Christian Alt und Christian Schiffer

Angela Merkel ist Hitlers Tochter
Im Land der Verschwörungstheorien

288 Seiten, Klappenbroschur,
auch als E-Book erhältlich

»Mal soll 5G schuld sein an Covid19, mal Bill Gates und dann heißt es, Corona sei ja nur ein einziger Schwindel, um alle Menschen zwangs-zuimpfen. Was Besseres konnte den Aluhüten wirklich nicht passieren. Denn wann immer uns etwas aufregt und bewegt, sind die Verschwö-rungstheorien nicht weit.«

Die BRD existiert nicht. Angela Merkel ist Hitlers Tochter. Und Chem-trails sollen uns vergiften. Deutschland ist verrückt geworden. Christian Alt und Christian Schiffer zeigen, wie es so weit kommen konnte. Auf ihrer Reise durch ein paranoides Land treffen sie Verschwörungstheo-retiker, Aussteiger und Opfer. Sie decken die psychologischen Mechanis-men auf, die zu Verschwörungstheorien führen, erklären, warum das Internet nur zum Teil Schuld hat und tragen 23 goldene Regeln zusam-men, mit denen wir den Wahnsinn endlich aufhalten können. Ein auf-klärerisches Manifest und ein furioser Road Trip – auf dem sie dann aber einen großen Fehler machen: Sie erfinden eine eigene Verschwörungs-theorie.